바다를 건넌 물건들 II

바다를 건넌 물건들 Ⅱ

부경대학교 해역인문학 시민강좌 총서 06

초판 1쇄 발행 2023년 10월 31일

지은이 양민호 최민경 이민경 문혜진 고영 정민아 김재환 홍순연 정영현 주현희
펴낸이 강수걸
편집 강나래 신지은 오해은 이선화 이소영 김소원 이혜정
디자인 권문경 조은비
펴낸곳 산지니
등록 2005년 2월 7일 제333-3370000251002005000001호
주소 부산시 해운대구 수영강변대로 140 BCC 626호
전화 051-504-7070 | 팩스 051-507-7543
홈페이지 www.sanzinibook.com
전자우편 sanzini@sanzinibook.com
블로그 sanzinibook.tistory.com

ISBN 979-11-6861-189-4 04900
ISBN 979-11-6861-126-9(set)

* 책값은 뒤표지에 있습니다.
* 이 책은 2017년 대한민국 교육부와 한국연구재단의 지원을 받아 수행된 연구임.
(NRF-2017S1A6A 3A01079869)
* 잘못된 책은 구입하신 곳에서 교환해드립니다.

부경대학교 인문사회과학연구소
해역인문학 시민강좌 총서 06

바다를 건넌 물건들 Ⅱ

부경대학교
인문한국플러스사업단 엮음

산지니

책을 펴내며

부경대학교 인문한국플러스(HK+)사업단은 기존의 육지 중심의 지식 · 사람 · 문화에 대한 이해를 해역(海域) 중심으로 사고 전환을 시도한 연구들을 지속적으로 진행하고 있습니다. 특히 동북아 지역의 근현대의 문화적 변용에 집중한 연구 성과를 학술 총서로 내고, 동시에 그것을 알리는 일에 노력해 왔습니다. 그 일환으로 일반 시민을 대상으로 한 '시민강좌총서'를 기획하여 2022년 『바다를 건넌 물건들 I』이 세상에 나왔고 올해는 바다를 건너 온 신식 물품을 주제로 구성하였습니다.

『바다를 건넌 물건들 II』는 1부 '바다를 건넌 食과 藥'과 2부 '바다를 건넌 문물들'로 구성하였습니다.

1부는 대만 출병 시 원주민으로부터 보고 느낀 민간요법을 일본에 소개하면서, '보건의 외교관'의 기능을 한 '은단'과, 객가 화교인 오추킨이 만들어 팔기 시작하여 '모든 병에 좋은 기름'으로 풀이되며 순식간에 퍼져나간 '타이거밤', 먹거리로 '만두'와 '통조림', '와인'에 대한 흥미로운 이야기를 담고 있습니다.

2부 '바다를 건넌 문물들'에서는 지금도 우리 삶을 조율하고 있는 '영화'와 '박람회'의 흥미로운 변화와 아울러 문화적 풍요함을 더해 주었던 '벽돌'과 '주사위', '오래된 선박'이 이 땅에 들어온 과정과 의미에 대해 소개하고 있습니다.

이 책은 부경대학교 시민강좌총서 '바다를 건넌 ○○○' 시리즈 네 번째 발간 도서로, 이전에 출간한 『바다를 건넌 사람들 I, II』는 시리즈의 대표적 교양서입니다. 앞선 『바다를 건넌 물건들 I』과 이번에 소개하는 문물들도 우리에게 친숙한 것으로 근대 이후 우리 삶 속에 뿌리내린 박래품들이 전해주는 애환이 곳곳에 넘실거립니다. 앞으로도 더 좋은 주제로 '시민인문강좌 총서'를 지속적으로 출간할 것을 기대하면서 아낌없는 질정(叱正)과 관심을 부탁드립니다.

부경대학교 인문한국플러스사업단 단장 김창경

차례

1부

바다를 건넌 食과 藥

은단, 그 신비로운 만병통치약

바다를 건넌 한방환(漢方丸)

원래 일본이 원조라고 알려진 은단은 세월을 거슬러 올라가면 모리시타 히로시(森下博)의 대만 출병 시기와 궤를 같이한다. 은단은 모리시타가 출병 중에 대만 원주민의 민간요법을 보고 느끼며, 그의 영감으로 만들어낸 작은 알갱이의 환약이다. 특히 일본에서는 인단(仁丹, 일본식 발음 진탄 じんたん), 한국에서는 은단(銀丹), 중국에서는 한자가 다른 인단(人丹), 북한에서는 인단(仁丹)으로 불리며, 동북아 지역 20세기 초반을 주름잡은 인기 상품이었다. 이와 같이 한국, 중국, 일본 등에서 널리 애용했던 은단이 현재는 거의 자취를 감추어 가고 있다. 사회생활 패턴의 변화와 시대의 흐름

속에서 은단은 점점 그 효용 가치가 다른 상품으로 대체되면서 매력을 잃어가고 있지만, 한때 바다를 건너 동북아해역에서 자리 잡았던 박래품(舶來品) 은단에 대해 살펴보자.

은단의 유래와 성분

우리가 알고 있는 은단은 1905년 일본에서 정식으로 발매되었다. 감초, 육계, 생강, 정향 등 16가지 생약 성분의 한약재와 각종 향신료를 배합시켜 만든 환인데, 실제로 은박을 입혀 작은 알갱이 형태로 만들어진 것이 지금의 은단이다. 일본 모리시타난요도(森下南陽堂, 삼하남양당)에서 개발한 약으로, 창업자 모리시타 히로시가 1895년 대만에 군인으로 출병했다가 힌트를 얻었고, 일본에 돌아와서 시판에 성공했다. 처음에는 적색 안료인 벵갈라(Bengala)로 은단을 코팅했기 때문에 붉은색이었는데 나중에 은으로 감싼 형태로 바뀌었다. 다시 말해 대만 주민의 민간요법에서 이 은단이 대박 상품이 될 것이라는 가능성을 봤고, 10여 년간의 연구개발 끝에 완성시킨 것이 모리시타 인단이다. 어디서나 쉽게 매일 복용 가능한 예방약을 만들겠다는 취지였다. 인단에 관한 명칭의 유래는 유교(儒教)에서 따왔다. 자애(慈愛)와 배려의 상징적 한자 인(仁)과 대만에서 환약(丸薬) 등에 주로 사용되는 단(丹), 이 두 글자가 만나 모리시타 인단(仁丹)이 탄생하게 된 것이다. 다시 말해 배려라는 의미의 일본어 오모이야리(思いやり) 환약(丸薬) 또는 오모이야리 뭉치(塊)라고 볼 수 있다. 인단은 제품명이지만 모리시타의 창

업정신인 제세이민(濟世利民)이라는 정신이 잘 담긴 네이밍이라고 볼 수 있다.

모리시타 히로시

그럼에도 불구하고 이러한 네이밍을 두고 논란은 존재한다. 인단의 이름에 인의예지신(仁義禮智信)의 첫 번째 한자 어질 인(仁)을 사용했다는 점은 처음부터 중국을 겨냥했고, 제국주의적 발상에서 기인했기 때문이라고 주장하는 이도 있다. 실제로 인단은 신기한 효험이 있는 약, 신약(神藥)이라고 불리며 대대적으로 광고되었으며, 중국 시장에서도 엄청난 성공을 거두었다고 한다. 이 인단이 우리나라에 처음 들어온 것은 1907년 무렵으로 알려져 있다. 그러나 신문광고 등은 1920년에 들어서 본격적으로 나타나기 시작했다. 발매 당시 만들어진 인단의 패키지에는 상품명과 함께 다언어 표기가 등장한다. 한글 표기로는 '진단', 영어 표기로는 'JINTAN'으로 표시되어 동시에 인단 패키지에 삽입되어 있다. 이렇게 다국어 표기를 병행한 이유는 모리시타 인단이 세계인들의 건강에 도움이 되기를 바라는 의지의 표출이었다고 한다.

실제로도 탁월한 효능

은단에는 크게 5가지 효능이 존재한다. 우선 해독작용에 탁월하다. 은단의 생약 성분에 포함된 감초가 체내의 중금속 독성을 풀어주고, 니코틴을 해독하며 흡연자에게 도움이 된다고 한다. 또한 숙취해소 및 간질환 예방에도 도움이 된다. 이 때문에 과거 금연수단으로 은단을 많이 찾았다. 또한 잦은 숙취로 고생하는 사람에게도 좋다고 한다. 다음으로 노화방지에 효과적이다. 세포를 재생시키는 효과가 있어 노화예방에 도움이 된다. 뇌세포 노화방지에도 탁월한 효능을 갖고 있어 젊음과 건강을 유지하는 데 효과적이다. 다음으로 소화기능 향상에도 도움이 된다. 목향의 따뜻한 성질이 복부 통증과 설사를 낫게 해주며, 원기를 회복시켜 소화기능 향상에 도움이 된다. 은단을 꾸준히 섭취한다면 소화기 질환에 도움이 된다. 또 가래 제거에 큰 효과가 있다. 은단의 정향 성분이 기관지나 목에 있는 가래를 제거하고 예방해 준다. 평소 가래가 많이 끼는 흡연자에게는 금연효과와 더불어 가래를 제거할 수 있는 장점이 있다. 게다가 천식 증상 완화 작용까지 있어서 기관지 전반에 걸쳐 도움을 준다. 마지막으로 입냄새 제거에 효과적이다. 특히 회향 성분은 구강염증을 억

모리시타 인단

제시키고, 입냄새 제거에 효과적이다. 평소에 입냄새로 고생하는 사람들이 양치를 빈번하게 하거나 사탕을 섭취함으로써 입냄새를 제거하는데 가벼운 은단 섭취로 깔끔하게 입냄새를 제거할 수 있다. 보통 은단은 중년들의 전유물로 여겨지는데 은단의 성분과 효과를 보면 훌륭한 수준이다. 언제 어디서나 휴대하기 편한 작은 사이즈의 만병통치약으로 생각할 수 있다.

그렇다고 은단에 이러한 탁월한 효능만 있는 것은 아니다. 하루 섭취량을 지키지 않고 은단을 과다복용했을 때 구토, 멀미, 설사 등 위장 장애를 유발시킬 수 있다.

모리시타 인단 마크는 누구인가

모리시타 인단의 상표는 나폴레옹이 쓰던 모자와 견장이 붙은 대례복(大禮服) 차림의 남성이다. 지금도 일본 모리시타 인단 회사는 이 마크를 바꾸지 않고 고수하고 있다. 특히 콧수염을 기른 대례복 차림의 옥외 간판으로 너무나도 유명하다.

모리시타 인단 마크

창업 당시부터 홍보에 진심이었던 모리시타 인단의 광고는 시대별 유행에 따라 남성의 수염 길이가 길었다가 짧았다가 하며, 남성의 눈매가 달라지기도 한다. 또 국내용이냐 해외용이냐에 따라 달라지기 때문에 광고를 보는 재미도 있다.

이 인단의 트레이드 마크인 '대례복 마크'의 유래에 대해서는 여러 가지 설이 있다. 발매 당시에는 이토 히로부미(伊藤博文)의 장남 분키치(文吉)였다는 말도 있었고, 모리시타 히로시 자신이 모델을 했다는 이야기도 있었다. 하지만 일반적으로 '멸독(滅毒)'의 상표이자 모리시타난요도(森下南陽堂)의 상징이기도 한 이 마크는 다양하게 디자인되었고, 특정 부분이 강조되는 데포르메(deformer)가 진행되면서 대례복 차림을 한 남성의 모습으로 정리되었다. 하지만 실제 대례복 남성은 누구인가? 라고 창업자 모리시타에게 질문한 결과, 이 마크의 주인공은 군인이 아니고 외교관이라는 답변이 돌아왔다. 즉 인단은 '약의 외교관'이라는 뜻이다. 인단을 만든 모리시타는 인단의 효능을 일본 전역에, 나아가 한국과 중국을 비롯하여 널리 세계인의 건강을 위해 유용하게 사용하고 싶다고 전했다. 따라서 인단을 통해 건강과 보건을 세계로 운반하는 외교관의 모습을 덧입힌 것이다. 그리하여 인단은 바다를 건너 한국뿐만 아니라 중국과 대만, 하와이, 동남아시아, 인도, 남

인단 마크 변화 모습

아프리카, 에티오피아, 우간다 등 세계 각국으로 진출하게 되었다. 모리시타 인단의 마크는 외교관이라는 이미지로 수백 번의 수정이 이루어지면서 현재의 모습을 찾았다. 최종 완성된 마크에는 대례복 모자를 쓰고 카이젤 수염을 길렀으며, 근엄하고 늠름한 표정의 외교관 마크는 당시 대중의 엄청난 인기를 얻었다. 이러한 대중의 지지와 모리시타 인단의 적극적인 광고 덕분에 대례복 마크의 외교관은 전국 방방곡곡에 파고들었으며, '보건의 외교관'답게 세계 각국으로 퍼져 나가게 되었다 모리시타가 원했던 대로 건강을 전하는 외교 전령의 역할을 톡톡히 한 것이다. 현대에 접어들면서 이 대례복 마크에 훈장을 적게 그려 넣거나 영어 등을 추가하면서 심플하게 재디자인이 되었다. 인단의 역사를 모르는 사람이나 현재 대례복 마크의 인단의 변천을 모르는 젊은 세대에게는 이 재디자인된 마크가 마치 투우사처럼 보인다고 한다. 잘못 인식하고 있지만 모리시타 인단은 여전히 대중의 사랑을 받고 있다.

소설 속에 등장한 인단

일본에서 은단 브랜드는 모리시타 인단 하나밖에 없다고 생각하는 사람들이 많다. 모리시타 인단은 일본에서 너무 유명하기 때문에 경쟁업체인 카올(カオール)의 은단 제품은 알지 못하는 사람이 많다. 그러나 이 카올의 은단 역시 지금도 팔리고 있으며, 쇼와(昭和) 20년대 일본의 히트 상품에 포함될 정도로 인기가 많았다. 모리시타 인단과 거의 성분은 비슷하지만 한방 생약 성분이 조금

적게 들어 11종이 배합된 형태이다. 실제로는 메이지(明治) 32년(1899)에 발매되어 모리시타 인단보다 오히려 역사는 오래되었다.

> 마을은 가을 아침 바람이 차가웠다. 에이키치는 도중에 시키시마(敷島) 4갑과 감과 카올이라는 입안 청량제를 사 주었다. '여동생의 이름이 카오루니까'라고 옅은 미소로 답했다.

흥미로운 점은 이 카올 은단이 노벨문학상 수상자인 가와바타 야스나리(川端康成)의 소설, 『이즈노 오도리코(伊豆の踊子)』(1926) 속에 등장한다는 것이다. 여기서 '시키시마(敷島)'란 쇼와 18년까지 팔리던 담배 브랜드였기 때문에 흡연 후 입가심으로 은단, 즉 '카올'을 사 줬다는 것이다. 소설 속에 등장하는 카올이 은단이라

『이즈노 오도리코』 책 표지와 시키시마 담배갑

는 정보가 없었다면 이 문맥은 파악하기 힘들었을 것이다.

또 이노우에 야스시(井上靖)의 소설 『시로반바(しろばんば)』(1960년 연재)에서는 운동회 장면에서 이 은단이 등장한다. 오래 달리기에 참가한 주인공에게 말하는 부분이다.

> '이거 줄게. 이거 먹어봐, 잘 달릴 수 있을 테니. 그렇게 말하고 카밀이라는 청량제 세 알을 손바닥에 올려 주었다.'

카밀이라고 말은 하지만 카올의 은단을 모델로 삼은 것이다. 소설 『시로반바』의 시대적 배경을 살펴보았을 때 다이쇼 초기(1913~1916)라고 알려져 있고, 그렇기 때문에 당시 인기몰이 중이었던 은단 카올은 운동회 장면에서 자양강장제로 홍보되었으며

『시로반바』 책 표지와 카올 인단

소설 속에 등장하게 된 것이다.

한 치도 양보할 수 없었던 모리시타 인단과 카올

약 100년 전 다이쇼 초기의 신문 광고에서 모리시타 인단과 카올의 광고를 찾아볼 수 있다. 현재도 그렇지만 당시에는 특히 계절과 시기에 따라 광고의 내용이 확실히 달라진다. 시대상을 반영한 내용이 광고에 담겨 있기 때문에 이 광고 문구를 나열하여 살펴보는 것만으로도 매우 흥미롭다. 먼저 모리시타 인단의 광고 캐치프레이즈를 살펴보자.

〈모리시타 인단 광고〉

다이쇼 2년(1913) 1월 - '소화와 해독'이 당시의 구호.
다이쇼 2년(1913) 1월 - 훌륭한 인단 제조공장의 그림을 소개하고, 상품의 안전성을 어필.
다이쇼 4년(1915) 5월 - 50전(錢)의 인단을 구입하면 사계절용 휴대용 케이스를 무료로 받을 수 있다고 광고. 전면광고.
다이쇼 5년(1916) 2월 - 일본의 절기 중 하나인 세츠분(節分)에 맞추어 게재된 광고.
다이쇼 5년(1916) 9월 - 콜레라가 유행했을 당시 인단을 복용하면 콜레라*는 안 걸린다고 하는 광고.

다이쇼 5년(1916) 9월 - 이탈리아 베니스의 석양을 그린 전면 광고. 지금처럼 쉽게 해외의 풍경을 알 수 없었던 당시에는 매우 귀중한 한 장의 그림.

다이쇼 5년(1916) 9월 - 인단과 카올의 광고가 경쟁하듯이 나란히 게재.

다이쇼 5년(1916) 11월 - 아이들의 환심까지 사서 판매하려는 전략. 아이들을 위한 내용으로 홍보.

모리시타 인단은 카올에 주도권을 뺏길 수 있기 때문에 이와 같이 신문에 엄청난 광고를 하게 된다. 가와바타 야스나리의 소설 속에 등장했던 카올 제품을 보면 모리시타 인단의 입장이 이해가 된다. 그런데 알고 보면 모리시타 인단과 카올뿐만 아니라 기타 비슷한 형태의 은단도 출시되었다.

〈카올 광고〉

다이쇼 2년(1913) 2월 - 정력의 근원은 미세한 카올 안에 포함되어 있음.

다이쇼 4년(1915) 5월 - 사람들이 많은 곳에서 질병을 옮기지

---

* 모리시타 인단을 복용하면 자양강장(滋養剛腸)에 좋으며, 은단을 섭취한 건강한 사람의 위액에 콜레라가 닿으면 '즉시 균은 사멸'된다. 그래서 인단을 복용하면 콜레라가 예방이 된다는 광고이다.

않도록 예방 차원에서 카올을 복용하자는 계몽 광고.

다이쇼 5년(1916) 2월 - 호흡기 질병 예방을 위해 카올을 복용하자고 외치고 있음.

다이쇼 5년(1916) 9월 - 체하거나 속이 불편할 때 피로하지 않고 더욱 힘이 솟구침. 만병통치약.

'보이스'라는 제품인데 메인 페이지보다 별로 중요하지 않은 부분에 광고가 많이 실려 있었다. 특히 다이쇼 2년(1913)의 신문 광고에는 자주 실렸는데 이 '보이스'라는 제품의 광고 내용도 앞에 설명했던 모리시타 인단, 카올 광고의 캐치프레이즈와 거의 유사하다.

〈보이스 광고〉

다이쇼 2년(1913) 1월 - 탁월한 모범 청량제 제공 구중 향정(口中香錠) '보이스'.

다이쇼 2년(1913) 2월 - 댄디한 삽화에 설득력 있는 홍보 문구가 많음.

다이쇼 2년(1913) 2월 - '목소리를 좋게 하고 기운을 더한다.'

인단에서 은단으로

일제강점기 조선에는 인단 광고가 많이 보인다. 앞서 설명한 것처럼 일본의 인단은 이 시기 최고의 전성기를 맞이했다. 당시 조선에서 팔리는 은단도 거의 일본 모리시타 인단 제품이었다. 인단 광고는 당시 엽서에도 등장하는데 엽서를 자세히 살펴보면 부산상공회의소의 서양식 건축물과 일본식 복장을 한 아이와 어른이 보이면서 근대 복장을 한 남성이 그려져 있다. 당시가 일제강점기였다는 시대상은 건물에 걸려 있는 일장기를 통해 파악할 수 있다.

부산상공회의소 엽서

또 왼편에 있는 간판을 유심히 살펴보면 1911년 설립된 '약은 호시(구스리와 호시, くすりはホシ)'의 간판과 모리시타의 인단(仁丹)의 광고라는 것을 확인할 수 있었다. 국내에서 주로 1920년 이후 신문 광고에 등장하는 것을 보면 이 시기에 일본으로부터 인단이 조선에 본격적으로 들어와 홍보하던 시기라고 볼 수 있다. 그래서 세계 각국의 물품을 전시하고 홍보하는 부산상공회의소 옆에 광고가 붙은 것으로 볼 수 있다. 전체 간판은 아니고 일부가 보이는데 앞서 설명했던 대례복(大禮服) 차림의 외교관 그림 모리시타 인단 마크는 그때에도 현재에도 건재하였다는 것을 확인할 수 있다.

이후 조선의 신문 광고를 살펴보면 1923년 5월 '품 속에 가지고 다니면서 매일 아침 · 저녁 복용하면 심신이 상쾌해진다'라는 광고가 실렸는데 일본 제품 '인단(仁丹)'에 대한 설명이었다. 일본에서 공전의 히트를 거두고, 이윽고 조선 땅에도 상륙했다. 당시 광고를 살펴보면 인단은 우리나라에서도 '질병치료약' 대용으로 홍보되고 있었다. 같은 해 신문 광고를 보더라도 '두통 · 설사 · 어지럼증에도 인단', 또 다른 날짜의 광고에는 '두뇌가 명석케 된다', '피로가 죠금도 업다'고 광고하고 있다. 이듬해인 1924년 겨울에는 '추운 때의 활동에 인단은 제1의 강장제(强壯劑)'라고 홍보하고 있다. '흡연할 때 인단을 복용하면 담배의 맛이 좋아진다'라고도 했다. 당시에는 흡연한 다음에 사용하는 구강청결제 역할을 맡았던 것이다. 1924년 신문에 가장 많이 광고를 쏟아부은 제품은 인단으로, 독보적 1등이었다. 기업의 명운을 걸고 막대한 자금을 투자해 홍보를 했는데 당시 인단의 파워가 어느 정도인지 짐작할 수 있는 대목이다. 또 인단이 질병치료제와 같이 괴질과 콜레라 예방에도 좋은 효과를 낸다는 신문 광고도 다수 존재한다.

그리고 소비자의 니즈에 맞추어 다양한 형태의 인단 제품이 탄생되기도 하였다. 다음 신문 광고처럼 장미향이 나는 인단도 있고, 매실 맛의 인단을 홍보하기도 하였다.

일제강점기 조선에서 유리한 시장을 선점하기 위해 많은 광고를 쏟아부은 모리시타 인단은 그 덕에 조선에서 독보적으로 자리매김한다. 하지만 일본이 패전한 후에 조선은 일본으로부터 해방되었고, 모리시타 인단은 자연스레 철수하게 된다. 그 빈자리를 채운 것은 고려은단이다. 1946년 고려은단이라는 회사가 설립되고 모리시타 인단과 맛이나 효능이 비슷한 은단(銀丹)을 개발하여 판매하기 시작하였다. 이 기업은 인단이 은으로 감싸져 있다는 사실

인단에 의하여 실현되는 위장 내의
무균상태에 대하여
강건(强健)한 사람의 위중(胃中)에는
미균(黴菌)이 무(無)함.
이것은 적량(適量)의 위액은 천여(天與)의
소독액인 까닭이다.
그러나 강건한 사람의 위도 서기(暑氣)에
이완(弛緩)한 시(時)는 살균력이 저하함.
인단은 위장의 본질에, 활력을 여(與)하며,
기능을 왕성히 하며, 이완을 회복긴장케 하고,
적량의 위액의 분비를 촉(促)함. 고로 위장은
괴질병균(恠疾病菌)을 곧 살멸(殺滅)할
수 있는 긴장상태로 인도하여 항상 무균의
상태를 유지케 한다.
이것이 특히 인단의 복용을 절실히 바라는
소이(所以)이다.

秋(가을)의 健康(건강)을 기르는
로즈인단(ローズ仁丹)
인단(仁丹)은 조하라(좋아라)
식욕(食慾)은 나고, 기분(氣分)은 상연(爽然)
벽공(碧空)이 부르는 지금!
인단(仁丹) 가지고 대자연(大自然)에
친(親)하여
익익신체(益益身體)를 단련(鍛鍊)하라

을 알고 있었기 때문에 인단에서 은단으로 새로이 명명하고 제품을 소개하게 된다. 원래 개성에서 창업한 고려은단은 6 · 25 때 부산으로 회사를 옮겼고, 나중에 서울로 다시 이전하였다. 현재 우리나라에서 은단은 구중청량제나 구취제거제 또는 금연보조제 정도로 인식되고 있는데 해방 직후에는 모리시타 인단처럼 질병치료제로 둔갑되기도 하였다. 향후 은단은 담배 냄새를 없애려는 남성들이 주로 사용하였다.

시대에 따라 변하는 한국의 광고

일제강점기 광고에 이어 해방 이후 한국의 은단 광고도 흥미롭다. 1954년 10월 28일 자 약사시보(藥事時報) 아래쪽에 게재된 광고 내용이다.

여성: 안녕하세요. 악수합시다.

남성: 19세기 인사는, 노-

남성: 어제 본 영화의 키쓰처럼 합시다.

여성: 입냄새가 나서 실어요.

남성: (은단을 투여한다)

여성: ?

여성: 미안해요 OK야요. 내일도 OK.

이 광고는 '勝利(승리)의 길'이라는 제목의 4컷 만화이며, 당시 참신한 형태의 포맷으로 광고를 진행하였다. 이 두 남녀 사이의 대화를 살펴보면 아주 재미있다. 대놓고 구취 제거를 언급한 광고로, 은단을 먹고 오지 않으면 키스하지 않겠다는 자주적 여성의 말투가 무척 센세이셔널하다.

선 넘은 과장 광고

은단은 사실 소화제나 지사제에 가까웠지만 두통, 현기증, 멀미, 악취, 과음, 흉통, 복통, 과식, 소화불량, 전염병 예방 등 거의 모든 병을 치유할 수 있는 만병통치약으로 과장 광고되고 있었다. 심지어 정력이나 말라리아 치료에도 효험이 있다는 소문이 돌기도 했다. 이런 과장 광고에 현혹되어 일본에서 엄청나게 팔렸다. 씁쓸하면서도 상쾌한 맛의 인단은 중·장년층에서 주로 소비되었다. 하지만 "항상 인단을 복용하는 아이들은 이렇게 희희낙락(喜喜樂樂)한다"는 표현과 함께 건강한 어린이들의 모습을 넣어, 소비층의 확산을 도모하는 광고도 보이기 시작했다. 인단에 대한 홍보 대상이 어른뿐만 아니라 아이들까지 확대되는 순간이다. 일본에서 최고 전성기를 누렸던 다이쇼 시대와 쇼와 시대에 팔렸던 은단의 판매량에 비교해 보면 현재는 3% 내외의 판매량에 그치고 있다. 그래서 그런지 모르겠지만 현재 은단은 여러모로 수모를 겪고 있다. 예를 들어 대형마트, 동네 슈퍼, 약국에 가면 은단은 치약과 칫솔

고려은단

을 파는 양치 코너 한구석에 쓸쓸히 자리 잡고 있다. 예전 영화로웠던 시절의 은단 인기는 이미 시든 지 오래되었다. 그럼에도 불구하고 과거의 은단 인기를 되찾아 보고자 새로운 은단 광고가 시도되고 있다. 여태까지 은단 광고 내용은 약의 효능과 함유된 한방 재료에 초점이 맞춰져 왔다.

그러나 이 스테디셀러 제품인 은단의 판매량을 늘리기 위해 약을 감싼 부분이 은이라는 것에 착안하여 어필하기 시작했다. 99.99%의 순도 높은 순은으로 은박을 입혔다. 단순히 약을 부스러지지 않게 하기 위하여 은과 비슷한 느낌의 필름으로 감싼 것은 아니고, 실제 순은을 사용하고 있다는 점을 강하게 피력하고 있다. 광고 문구도 '고려 은단이 99.99%의 순은으로 싸여 있는 이유를 아십니까?'라고 크게 화두를 던졌고, 이에 대한 답이 다음과 같이 작은 글씨로 적혀 있다.

> 이제까지 은단의 효능은 대개 입안을 상쾌하게 하거나 차멀미, 뱃멀미를 예방하는 정도로 알려졌읍니다. 그러나 은단의 효능은 이외도 많으며, 그 가운데 하나가 바로 은단을 싸고 있는 은의 효능입니다. 공해로 오염된 공기나 물을 마시는 현대인의 몸에는 알게 모르게 불순물이 쌓이게 되는데, 순도 99.99%의 순은은 몸안의 불순물을 제거시키는 놀라운 효능을 가지고 있

읍니다.

또 하나의 다른 광고는 다소 황당하지만 은단을 미처 생각지도 못한 물건과 연관시켜 이야기한다. '옛 여인들이 은장도를 가슴에 품은 또 다른 이유'를 다음과 같이 설명하고 있다.

> 우리네 옛 여인들은 정절을 지키기 위한 호신용이나 노리개로 언제나 예쁘고 조그마한 은장도를 가슴에 품고 살았읍니다. 그러나 그 은장도가 건강을 체크하는 수단으로 쓰여왔다는 사실은 그다지 알려지지 않았습니다. 은이 독소와 반응을 일으킬 때 색깔이 변하는 것으로 자신의 건강을 체크해온 옛사람들의 지혜, 은단이 99.99%의 순은으로 싸여 있는 것도 바로 옛 사람들의 지혜에서 시작됩니다.

지금까지 은단은 수십 년에 걸쳐 광고를 진행했기 때문에 그 효능에 대해서 이제 누구나가 다 알고 있다. 그렇기 때문에 새로운 관점에서 접근하지 않으면 광고의 화제성은 떨어진다. 그래서 약을 감싸고 있는 순은에 주목하게 된 것이다. 즉 몸속의 불순물 제거 효과가 탁월한 '순은' 부분에 착안한 리프레시 광고이다. 어쨌든 회사의 간판 상품인 은단의 인기를 조금이나마 더 견인해 가고 싶은 의지가 엿보인다.

추억의 박래품(舶來品), 은단

우리의 기억 속에서 잊혔거나 이미 사라진 제품 중에 은단도 포함된다. 원래 은단은 벵갈라를 입힌 붉은색 환이었으나 나중에 순은을 입힌 작은 알갱이로 바뀌었다. 사실 은단은 과거부터 최근까지도 남성의 전유물이었다. 입냄새를 없애기도 하고, 구강 청결을 책임졌던 근현대의 추억 속 박래품이다. 은단은 대만에서 일본으로, 일본에서 다시 한국, 대만, 중국, 북한으로 전래되었다. 바다를 무대 삼아 은단을 더 멀리 더 많은 나라에 제공하고 싶었던 모리시타 히로시. 그의 바람대로 판매 초기에는 세계 각국에서 불티나게 팔려 나갔다. 그러나 시대가 바뀌었고 생활 패턴이 바뀌기 시작하면서 은단의 판매량은 내리막길을 걷게 되었다. 최근에는 식후 가글을 하거나 양치 도구를 들고 다니면서 언제나 칫솔질을 한다. 이렇게 하면 굳이 은단을 찾을 필요가 없고, 구취에 대한 심적 부담에서 해방될 수 있다. 사실 은단이 전성기를 맞았던 시기에는 사람들이 가글을 챙겨 다니거나 양치를 끼니 때마다 하기 어려웠다. 그래서 입냄새 제거용으로 은단을 적극 활용했던 것이다.

은단은 작은 알갱이라 쉽게 만들어진다고 생각하면 큰 오산이다. 은립(銀粒)의 작은 환이지만 하루 만에 뚝딱 만들어지지 않는다. 여러 공정을 거치면서 7일 이상 소요되는, 품이 많이 가는 환이다. 100년이 훌쩍 넘는 역사를 가진 모리시타 인단도, 80년 역사를 가진 한국의 고려은단의 은단도 명실공히 그 회사의 스테디셀러 상품이다. 그럼에도 불구하고 한때 만병통치약이라고 불렀던 은단은 시류에서 점점 멀어져 가고 있다. 원래 박래품이라는 것은 새로운 것에 대한 동경(憧憬)과 환호가 뒤섞이며, 그것을 소유하였을 때 위세를 떨칠 수 있는 나만의 자랑스러운 상품이다. 시대마다 새로운 물건들이 바다를 건넌다. 이렇게 바다를 건너온 박래품은 한 시대를 풍미하며 인기를 얻다가 또 언젠가는 수그러든다. 이번에 소개한 은단처럼 그동안 아무 걸림돌 없이 무한 영광을 누려오며 질주했던 제품들은 어느 순간 그 동력을 상실하게 된다. 어떻게 보면 지극히 자연스러운 사회 현상이지만 아쉬운 부분도 크다. 은단이라는 물건이 사라져 가면서 어릴 적 아버지의 냄새가 배어 있는 한 알의 추억도 잊히는 것 같아 가슴이 먹먹하다. (양민호)

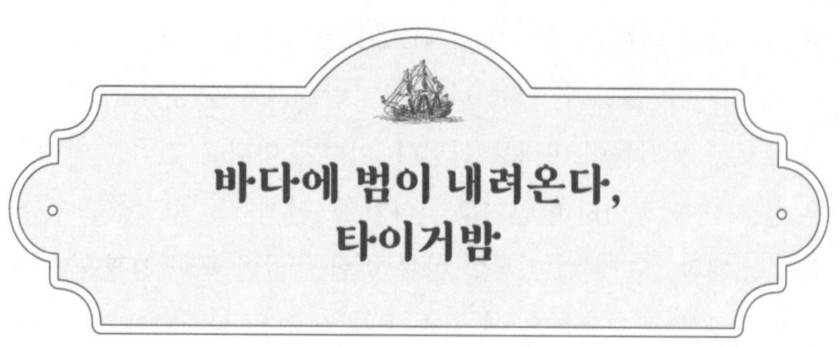

바다에 범이 내려온다, 타이거밤

바닷길과 의약품

코로나19로 인한 팬데믹을 겪으며 우리는 질병이라는 것이 사람을 따라 얼마나 잘 이동하고 퍼지는지를 다시 한번 확실히 알게 되었다. 그래서 특히 코로나19 발생 초기에는 국경을 닫아 국제적인 사람들의 움직임을 막고 나아가서는 국내 이동을 제한하는 지역도 있었다. 사람의 이동 흐름을 끊어 질병의 전파도 막는다는 논리이다. 그런데 사람을 따라 이동하는 것은 질병만이 아니다. 질병을 치료하는 의약품 또한 이동한다. 여러 가지 이유에서 원래 나고 자란 곳을 떠난 사람들은 익숙하지 않은 환경 조건 때문에 질병을 얻는 경우가 적지 않다. 이른바 풍토병이라는 것으로, 특히 극단적인 기온, 비위생적 · 비영양적 상황 등에서 이에 노출되기 쉽다. 한편, 질병의 발생은 이를 치유하기 위한 새로운 의약품의 탄생을 가져온다. 그리고 그렇게 탄생한 의약품은 다시 사람을 통해 널리 전해진다.

오늘날 국경을 넘는 사람의 이동은 거의 다 하늘길을 통해 이루어진다. 너무 당연하여 마치 오래전부터 공로(空路)가 일반적이었다는 착각이 들 때도 있지만, 인류의 역사 전체를 돌이켜 보면 전혀 그렇지 않다. 오히려 아주 오랫동안 국제적인 인구 이동은 바닷길을 무대로 하였고, 그 결과 질병과 의약품의 이동 · 발견 · 전파도 바다와 밀접하게 관련될 수밖에 없었다. 예를 들어 지금은 우리에게 아주 익숙한 비타민C의 원형 또한 바닷길에서 발견되었다. 대항해시대 장기간 항해를 해야 했던 선원들은 괴혈병으로 인해 큰 고통을 받았다. 희생자가 늘어가는 가운데 원인과 치료 방법이 알려진 것은 18세기 중반이 되어서였다. 영국 군함의 의사가 레몬즙이 구강 출혈 등 대표적인 괴혈병 증상을 완화하는 데 효과가 있다는 사실을 알아낸 것인데, 항해 중 염장 고기 · 생선과 빵을 주로 먹고 신선한 채소 · 과일의 섭취가 부족했던 것이 원인으로 판명되었다. 치료에는 특히 레몬 · 라임이 효과적이라는 사실이 밝혀졌으며, 이는 이후 1930년대 들어 비타민C라는 성분을 알아내는 바탕이 된다.

호랑이가 없는/있는 호랑이 연고, 타이거밤

우리가 사는 동아시아 지역에도 바닷길의 역사 속에서 등장 · 발전한 의약품이 있다. 바로 호랑이 연고라고도 불리는 타이거밤(Tiger Balm)이다. 타이거밤은 소염 연고의 일종인데, 멘톨(Menthol) · 캠퍼(Camphor) · 유칼립투스 오일(Eucalyptus Oil) · 클로브 오일(Clove Oil) 등 식물성 성분을 파라핀(바셀린)으로 굳힌 것으로, 이러한 성분 조합 때문에 얼얼하면서도 시원한 느낌의 독특하고 강렬한 냄새가 난다. 눈과 점막 부위를 피해서 코 주변 · 관자놀이 · 이마 등에 소량 펴 발라 사용하며, 흔히 일컬어지는 효능을 보면 파스처럼 근육통 · 타박상은 물론이고 가려움증(벌레 물림 · 건조 등) · 코막힘 · 두통까지 매우 넓은 범위에 이르는 것을 알 수 있다. 그래서일까, 과거 약장수가 동네를 돌아다니며 화려한 언변으로 온갖 약재나 물건들을 팔던 시절, 타이거밤은 '백두산 호랑이의 뼈를 갈아 넣어 만든' 만병통치약으로 불렸고, 그만큼 출처를 알 수 없는 모조품도 많았다.

새삼스럽지만 타이거밤에 백두산 호랑이 뼈는 들어가지 않는다. 백두산 호랑이는 물론 그 어떤 호랑이의 뼈나 기름도 포함하지 않는다. 오늘날 호랑이가 멸종 위기 동물이라는 사실을 생각하면 당연하다. 다만 타이거밤을 포장하는 라벨지에 공통적으로 위쪽은 약간 붉고 아래쪽은 노란색인 호랑이 한 마리가 등록 상표로 붙어 있다는 점을 보면 역시 호랑이와 무언가 관련이 있음은 분명하다. 특히 상표 속 호랑이는 네 발을 앞뒤로 쭉 뻗으며 용맹하게 뛰어오르는 자태로 강렬한 존재감을 자랑하는데, 그러한 모습을

타이거밤(출처: Wikipedia)

보면 호랑이에 대하여 긍정적인 의미를 부여하면서 그 이름을 사용하고 있다는 사실을 알 수 있다. 그리고 그것은 타이거밤의 유래와 깊은 관련이 있다.

객가 화교가 시작하는 이야기

객가(客家)는 원래 중국 황하(黃河) 유역에 거주하였지만 고대부터 전근대 시기까지 전쟁 등을 피해 여러 차례에 걸쳐 흩어져 살게 된 한족(漢族)의 일파이다. 특히 중국 동남부의 광둥성(廣東省)·푸젠성(福建省)·장시성(江西省) 등으로 이주한 경우가 많았으며, 토루(土樓)와 같은 고유의 주거 및 언어문화를 유지한다. 그런데 많은 수의 객가가 새롭게 자리를 잡고 살기 시작한 중국 동남부지역은 역사적으로 중국인의 해외 이주가 활발하게 이루어진 차이니스 디아스포라(Chinese Diaspora), 화교(華僑)의 고향과 같은 곳으로 객가 또한 그 흐름 속에 있었다. 객가들은 새로운 삶의 터전을 찾아 바다를 건너기 시작했고 특히 동남아지역으로의 이주가 두드러졌다. 싱가포르 총리를 역임한 리콴유(李光耀)처럼 동남아지역 주요 인사 사이에서 객가 화교를 심심치 않게 찾아볼 수 있는 것도 이러한 배경 때문일 것이다. 그리고 타이거밤의 원형을 최초로 발명한 오추킨(胡子欽, Aw Chu Kin)도 그렇게 바다를 건넌 객가 중 한 사람이었다.

오추킨의 아버지는 객가 문화의 중심지라 불리는 푸젠성 남부의 융딩(永定) 출신으로, 작은 약초상을 하는 사람이었다. 어느 날 오추킨의 아버지에게 한 통의 편지가 도착한다. 그것은 오늘날의 미얀마, 당시의 버마에 사는 사촌으로부터였다. 사촌은 일찍이 버마로 떠나 랑곤(현재의 양곤)에서 사업을 하며 살고 있었고, 편지에는 고향이 그립고 친척들이 보고 싶다는 내용이 적혀 있었다. 편지는 랑곤 경제 일반과 사촌이 운영하는 가게의 호황에 대해서도 전하고 있었는데 당시 살림살이가 넉넉지 않았던 오추킨의 아버지는 이러한 이야기를 듣고 오추킨을 버마로 보내고자 했다. 오추킨의 아버지는 사촌에게 답장을 하며 오추킨에게 약초와 치료법에 대한 지식은 모두 가르쳤으니 버마에서 일을 배워 독립할 수 있도록 도와줬으면 좋겠다고 적었다. 오추킨의 삼촌은 다시 편지를 보내와 버마에서 약초상은 아주 수요가 많고 미래가 밝으니 하루빨리 오추킨을 보내달라 했고, 이에 오추킨은 1862년 온갖 약재를 가득 담은 보따리와 간단한 짐 꾸러미를 들고 고향을 떠난다. 버마로 가기 위해 오추킨은 샤먼(廈門)에서 정크선을 타고 우선 싱가포르로 향했다. 싱가포르에서 약 10일간 머문 뒤 다시 정크선을 타고 랑곤으로 이동하는 경로였다.

랑곤에 도착한 오추킨은 삼촌의 집에 머무르며 일을 도왔고 이후 독립하여 가게를 차리게 된다. '영안당(永安堂, Eun Aun Tong)'이라는 작은 약초상으로, 가게 이름의 뜻을 풀어보면 영원한 평화의 전당이라는 의미이다. 이 가게에서 오추킨은 자신의 아버지로부터 배운, 그리고 스스로 연구하여 만들어낸 조합으로 약을 만들어 팔기 시작했으며, 그중에서 연고의 반응이 가장 좋았다. 오추킨이 랑곤에 도착해 보니 이 지역에는 열대 기후로 인해 온갖 해로운 벌레가 존재하였고 이 알 수 없는 벌레들에 물려 가려움증을 호소하는 사람들이 많은 상황이었다. 더군다나 가렵다고 긁으면 높은 습도로 인해 환부가 잘 아물지 않고 오히려 추가 질병을 유발할 수도 있음을 알게 된 오추킨은 가려움증과 통증을 완화하는 연고가 필요하다고 생각했고, 이를 만들어 낸 것이다.

타이거밤의 탄생

오추킨은 1908년 랑곤에서 사망한다. 그리고 그가 남긴 가게, 영안당과 약재 조합 방법은 두 아들 오분호(胡文虎, Aw Boon Haw)와 오분파(胡文豹, Aw Boon Par)가 물려받는다. 오분호와 오분파는 오추킨이 랑곤에서 만난 차오저우(潮州) 출신 여성 사이에서 낳은 아이였다. 오추킨은 생전 두 아들에게 각기 다른 방향으로 교육을 했는데, 1882년 태어난 형 오분호는 푸젠성 융딩에 돌아가 지내게

오추킨과 그의 부인을 기리는 기념비(싱가포르 타이거밤 가든) (출처: Wikimedia)

하며 객가, 나아가 중국의 전통 문화를 배우도록 하는 한편, 오분파는 랑곤에 남아 영국식 교육을 받도록 했다. 오분호가 랑곤에 돌아온 것은 오추킨이 사망하기 몇 해 전이었다. 오추킨은 오분파에게 가업을 잇게 하려고 했으나 아직 어린 오분파는 이를 버거워했고, 결국 이에 오분호를 불러들인 것이다. 오분호와 오분파는 교육 경험뿐 아니라 성격도 달랐다. 형 오분호가 상대적으로 자유분방하며 거침없는 스타일이라고 한다면 동생인 오분파는 차분하고 학구적인 분위기였다. 그리고 이러한 형제의 '다름'은 아버지 사후 가업을 이어가는 데 있어 시너지 효과를 발휘한다.

영안당을 물려받은 오분호와 오분파가 심혈을 기울였던 것은 아버지의 연고 제작 비법을 다듬고 완성도를 높여 상품화하는 것이었다. 이때부터 가게 경영은 기본적으로 오분호가 맡고 오분파는 서양 의약품 등을 공부하면서 협력하는 방식을 취했다. 그리고 이들의 노력이 결실을 맺은 것은 1910년으로 타이거밤의 원형인 만금유(萬金油)의 탄생에 의해서였다. 만금유라는 이름의 뜻은 모든 병에 좋은 기름 정도로 풀어낼 수 있을 것인데, 이름 그대로 효능이 아주 좋아 불티나듯 팔렸다. 한편, 타이거밤이라는 이름은 이른바 마케팅을 위해 붙인 것으로 오분호의 이름에서 따왔다. 오분호의 '분호(文虎)'는 '점잖은 호랑이', '젠틀한 호랑이'라는 뜻으로, 만금유가 보다 친숙하고 매력적인 이미지로 시장에 진출할 수 있도록 이 '분호'의 뜻을 빌려 만금유에 호랑이표라는 상표 이름을 붙인 것이다. 1918년 '호표(虎標) 만금유'가 탄생하였고, 이것의 영어식 이름이 바로 타이거밤이다.

오분호(출처: Wikimedia)

호표 만금유(출처: Wikipedia)

오분호는 아버지의 연고를 상품화하는 과정에서 스스로가 중국 · 홍콩 · 태국 · 일본 등에 머물면서 경험한 세련된 상품 포장과 감각적인 홍보 방법을 활용하고 싶어 했는데 그것을 실현한 형태로 '호표 만금유', 타이거밤은 완성되었다. 오분호는 연고를 입구가 넓은 작은 병에 넣어 사용하기 쉬운 형태로 포장하였으며, 앞에서 묘사하였듯이 타이거밤의 트레이드마크인 용맹한 모습의 상표 속 호랑이를 만들어

낸다. 이는 확실히 사람들의 시선을 끌었고 건강함과 연고의 우수한 효능을 간접적으로 묘사하는 느낌을 줬다. 그리고 이 타이거밤으로 인해 오분호와 오분표는 막대한 부를 손에 거머쥐었으며 '만금유 대왕'이라고도 불리는 등 랑곤 최고의 부자 가족으로 거듭난다.

바다를 건넌 타이거밤

랑곤 영안당에서의 타이거밤 사업이 성공하자 오씨 형제들, 그중에서도 특히 오분호는 더 큰 시장을 찾아 해외로 눈을 돌리기 시작했다. 당시 오분호의 시선을 끈 곳은 바로 싱가포르였다. 싱가포르는 원래 작은 어촌 마을에 불과하였으나 1819년 영국 동인도회사의 토머스 스탬포드 래플스(Thomas Stamford Raffles)가 상륙하면서 본격적으로 근대화가 시작되었으며, 이후 1832년 영국 해협식민지(Strait Settlements)의 수도로 크게 발전한다. 영국이 싱가포르에 주목한 이유에는 여러 가지가 있겠지만 그중 가장 컸던 것은 중계무역지로서의 가능성이었다. 따라서 이와 관련된 근대적인 인프라 구축도 급속도로 활발하게 진행되어, 항만 정비는 물론 도로 등 연계 교통 시설, 통신 수단, 금융 제도 확충 등이 선진적으로 이루어졌다. 그리고 이와 같은 싱가포르의 환경은 사업 확장을 꾀하던 타이거밤 측에게는 아주 매력적인 것이었다.

타이거밤은 1926년 본사 자체를 싱가포르로 옮기고 매우 공격적인 투자와 마케팅을 진행한다. 싱가포르는 국제무역항으로 활

타이거밤 홍보에 사용된 차량(복제품) (출처: Wikimedia)

기를 더해가고 있었고 과거 물건을 구하러 버마까지 가야 했던 중개상들은 타이거밤의 싱가포르 진출을 반겼으며, 이곳을 거치는 다양한 국적의 선원들도 중요한 고객으로 부상했다. 이와 더불어 당시 싱가포르의 의료 시스템 자체가 근대화 과정에 있어 많은 병원 · 약국 등이 새로 만들어지는 상황이었다는 점도 사업을 성공적으로 이끄는 데 중요한 배경으로 작용했다. 오분호는 버마의 10배에 달하는 제조 공장을 세우고 타이거밤을 생산하기 시작했으며, 단지 싱가포르의 시장 환경에만 기대려 하지 않고 적극적으로 홍보에 나섰다. 예를 들어 호랑이 머리 모양 장식품이 달린 회사 차량을 만들어 운행하며 곳곳의 마을들을 찾아 타이거밤의 샘플을 나눠주면서 제품을 알리기도 했다. 이러한 촘촘한 홍보 전략은 궁극적으로는 충성도 높은 단골 고객을 만들어내는 데 일조했다.

싱가포르 시장을 휘어잡은 '타이거밤 왕(Tiger Balm King)' 오분호가 다음으로 주목한 곳은 홍콩과 중국이었다. 중국은 동남아시아 전체를 합한 것보다 시장 규모가 크다고 예상되었기 때문에 궁극적으로는 중국 진출을 목표로 하였으며 홍콩은 그 교두보로 삼고자 한 것이다. 그리고 이를 위해 오분호는 우선 홍콩에 점포를 개설했다. 홍콩에서는 이미 타이거밤이 잘 알려져 있고 수요도 제법 있는 상태였기 때문에 위치 좋은 곳에 점포를 찾는 것은 매운 쉬운 일이었다. 점포가 개설됨에 따라 홍콩에서 타이거밤은 보다 저렴한 가격으로 손쉽게 구할 수 있게 되었고, 그 결과 농민을 포함하여 다양한 계층의 사람들에게 불티나게 팔렸다. 이에 대응하기 위해 광둥어를 구사하는 점원을 다수 채용하고 신규 공장을 설립할 필요가 있을 정도였다.

한편, 타이거밤이 중국으로 진출하면서 공장을 세운 곳은 홍콩에서 조금 북쪽으로 올라온 곳에 있는 산터우(汕頭)였다. 산터우는 광둥성의 항구도시로 오분호와 오분파의 아버지가 버마로 떠나기 위해 정크선에 올랐던 샤먼과도 가깝다. 아버지가 고향을 떠나고 약 80여 년 만에 그 아들이 다시 바닷길을 통해 돌아온 격이었다. 산터우 공장에서는 많은 노동자를 새로 고용하여 급증하는 수요를 맞추기 위해 생산 설비를 전력 가동하였으며, 이렇게 생산된 제품의 절반 이상이 중국 본토에서 소비되었다. 중국의 점포는 연안 지역을 중심으로 개설되었고 그중 가장 높은 판매량을 자랑하는 곳은 역시 상하이(上海)였다. 그러나 중국에서의 생산 · 소비는 안정적으로 지속되지 못했다. 만주사변(滿洲事變) 이후 발생한 상하이사변(上海事變)(1차)의 혼란 속에서 가장 매출이 좋았던 상하이 지점의 지점장이 싱가포르로 피난을 오는 등 제국 일본 팽창의 그림자가 타이거밤에도 짙게 드리웠기 때문이다. 특히 1937년 루거우차오(盧溝橋)사건 이후 상황은 더욱 암담해진다.

차이나타운과 타이거밤

여기서 이야기를 잠시 앞으로 돌려 타이거밤의 공간적 기반으로서 차이나타운(China Town)에 대해서 살펴보고자 한다. 차이나타운은 화교들이 모여 사는 도시 안의 특정 구역을 말하며, 오늘날 전 세계 각지에 분포한다. 일반적으로 차이나타운에는 관제묘(關帝廟) · 마조묘(媽祖廟) 등 중국 민간 신앙의 종교 시설을 중심으로 학교 · 음식점 · 잡화점은 물론 각종 상호 부조 단체가 밀집하여 화교들의 정치경제적 · 문화적 구심점이자 커뮤니티로 기능한다. 그리고 타이거밤이 바다를 건너 전 세계로 퍼져 가는 데 있어서 이 차이나타운은 중요한 역할을 한다. 차이나타운은 타이거밤의 생산 · 판매 · 유통 · 소비 전 영역에 걸쳐 필수불가결한 역할을 했으며, 특히 버마에서 탄생한 타이거밤이 바다를 건너 싱가포르에 도착하여 성장을 이어가는 과정은 차이나타운과 밀접하게 관련이 있었다.

싱가포르 차이나타운의 역사는 앞에서 등장한 토머스 스탬포드 래플스로부터 시작되었다고 해도 과언이 아니다. 당시 토머스 스탬포드 래플스는 싱가포르가 중계무역지로 개발, 발전한다면 다양한 민족들이 유입할 것이고 그렇다면 각종 혼란을 피할 수 없을 것이라 판단하였다. 이에 래플스 타운 플랜(Raffles Town Plan)을 시행하는데, 이는 각 민족별로 거주지를 분리, 배치하는 도시 계획으로 화교 · 유럽인 · 인도인 · 아랍인을 각각 정해진 구역에 모여 살도록 했다. 이때 토머스 스탬포드 래플스는 향후 화교 인구가 급증할 것이라 예상하고 그들의 구역을 비교적 크게 배치하였다. 실제 초기에는 말레이시아 등지에 거주하다 옮겨온 화상(華商)이 대부분이었으나 이후 돈벌이를 하러 온 남성 노동자가 대규모 유입하면서 싱가포르 화교 인구는 크게 늘어난다. 래플스 타운 플랜에 의해 화교 구역으로 정해진 지역 일대가 차이나타운이 되었으며 여기에 바로 타이거밤의 건물 또한 들어선다.

즉, 타이거밤은 차이나타운을 발판 삼아 싱가포르에 진출한 것이었다. 타이거밤 영안당의 건물은 싱가포르 차이나타운 닐 로드(Neil Road)에 3층짜리 규모로 세워졌으며 기하학적인 구조, 드라마틱한 기둥 등이 눈에 띄는 모습이었다. 한때 건물 외벽에는 타이거밤의 상징인 호랑이가 그려져 있고 색깔도 화려했던 것으로 알려져 있다. 건물 위의 육각형 모양의 작은 누각이 있는 것도 특징적인데, 타이거밤을 담는 유리병의 모양을 본뜬 것이라는 설도 있다. 이 공장에서는 타이거밤의 생산과 판매가 동시에 이루어졌으며, 랑곤에서 오분호가 데리고 온 버마인들이 감독관의 자리를 차지하고 객가인과 싱가포르 원주민을 노동력으로 활용하여 운영되었다. 1930년대 후반이 되면 영안당의 지점은 동남아시아를 중심으로 17개에 달하는데 이는 싱가포르가 대표하듯이 이 지역 곳곳의 차이나타운, 그리고 그곳에 사는 화교들의 네트워크를 통해 성취한 것이었다.

타이거밤 가든이 기억하다

1944년 오분파, 1954년 오분호가 사망한 이후, 타이거밤은 힘든 시절을 보낸다. 한때 회사가 영국 자본에 인수되어 아시아 시장에서의 타이거밤 라이선스를 넘기는 지경에 이르기도 했다. 이후 다행히 재건에 성공하여 오늘날 전 세계 100개국 이상에서 구매할 수 있고 140여 개국에 상표등록이 되어 있는 타이거밤은 존재 자체가 스스로 100여 년의 역사를 증명해 내고 있다. 그리고 이와 더불어 타이거밤이 걸어온 길에 대하여 이야기해 주는 공간이 있다. 바로 타이거밤 가든(Tiger Balm Garden)이다.

타이거밤 가든은 오분호와 오분파 형제가 지은 정원으로 이 둘의 이름을 따서 호파 빌라 가든(Haw Par Villa Garden)이라고도 하

홍콩의 타이거밤 가든(1953년) (출처: Wikipedia)
싱가포르 타이거밤 빌딩(1927년) (출처: Wikimedia)

홍콩의 타이거밤 가든(1998년)

며, 홍콩 · 싱가포르 · 푸젠에 만들어졌다. 제1호 타이거밤 정원은 1935년 홍콩에 개장하였다. 이는 홍콩으로 사업을 확장한 오분호가 가족들과 지낼 저택을 지으면서 함께 만든 정원으로, 공공에 개방되어 도시 속 쉼터로 기능하였으나, 지금은 재개발 사업으로 인해 철거되고 일부 박물관의 형태로 남아 있다. 싱가포르의 타이거밤 정원은 오분호가 적극적으로 권유하여 오분파의 주거지를 겸하는 공간으로 1937년 만들어졌으며, 이 또한 공공 정원으로서 싱가포르 사람들의 휴식처가 되었다. 1980년대 이후에는 싱가포르 정부의 적극적인 지원 아래 몇 차례의 정비를 거쳐 오늘날 대표적인 관광지가 되었다. 마지막으로 1948년 아버지의 고향, 푸젠에도 타이거밤 가든을 만들었으나 중국 근현대사의 격동 속에서 문을 닫았다.

타이거밤 가든은 기본적으로 타이거밤을 홍보하기 위해 만들어졌다고 한다. 하지만 구성을 보면 그 이상의 의미가 있다는 것

싱가포르 타이거밤 가든의 입구(출처: Wikipedia)

싱가포르 타이거밤 가든의 조형물(출처: Wikipedia)

싱가포르 타이거밤 빌딩(출처: Wikimedia)

을 알 수 있다. 타이거밤 가든은 중국풍 정원으로 중국의 역사·신화·전설과 관련된 다양한 조형물과 그림을 배치하고 조경 또한 중국식으로 꾸며졌다. 예를 들어 홍콩의 타이거밤 가든에는 중국의 신화 속 지옥을 묘사하는 거대한 벽 조각과 7층짜리 팔각형 탑이 있었고, 현재까지도 1000개 이상의 조각품이 있는 싱가포르의 타이거밤은 삼국지와 서유기 같은 중국의 고전 소설의 스토리텔링도 포함한다. 즉, 타이거밤 가든은 중국의 정신세계, 문화를 모아 담고 소개하기 위한 공간으로서의 특징을 지니는데, 이는 오분호와 오분파 형제가 객가 화교라는 스스로의 '뿌리'를 이국땅에 눈에 보이는 형태로 만들어 놓은 것이라고도 할 수 있다.

오늘날 유일하게 남아 있는 싱가포르의 타이거밤 가든은 지금은 테마파크로 탈바꿈하였지만, 여전히 타이거밤이 근대 동아시아지역에서 화교와 차이나타운을 기반으로 하여 바다를 건너는 해역 네트워크를 형성했던 의약품이었음을 기억한다. (최민경)

만두의 계보

-蠻頭에서 Mandu까지

최근 K-푸드가 세계인의 입맛을 사로잡고 있다는 뉴스를 심심치 않게 접한다. 코로나 팬데믹 기간 동안 K-콘텐츠의 영향력이 비약적으로 확대되면서 한국 음식에 대한 관심도 또한 크게 상승하였다. 라면, 주류, 레토르트 식품이나 간편식 등 한국 푸드 상품의 글로벌 시장 점유율이 날로 높아지고 있다. 그중에서도 만두의 성장세는 특히 주목할 만한데, 미국 시장에서 한국의 만두의 연매출은 1조 원을 넘어섰다. 한 신문의 기사에 따르면, CJ제일제당이 출시한 'bibigo MANDU'가 25년 동안 시장 점유율 1위를 차지해 왔던 중국의 만두브랜드 링링(LINGLING)을 밀어내고 미국의 냉동

미국 최대 TV홈쇼핑 채널인 HSN에서 판매한 bibigo MANDU
(출처: HSNtv 유튜브 채널 캡쳐)

만두 시장을 석권했다고 한다.*

한반도의 만두는 바다를 건너온 중화요리로부터 시작되었다. 하지만 오랜 시간 동안 우리네 사람들의 입맛과 우리 땅의 상황에 맞도록 변형을 거듭해 오면서 중국 만두와 분명한 차별성을 가지는 우리의 음식이 되었다. 우리의 만두는 이제 바다 건너의 글로벌 시장에서 'Dumpling'이나 'Gyoza' 혹은 'Ravioli'가 아닌 'MANDU'라는 독립적 명칭을 당당히 내세울 정도로, 타 국가의 만두류 음식과 구별되는 뚜렷한 독자성이 있는 음식이다. 이 글에서는 흔히

* 김설아, "미국서 25년 1등 만두 '링링' 제친 대한민국 만두", 『Money S』, 2019-09-10.

우리 만두의 출발점이라고 알려져 있는 중국의 饅頭부터 시작하여, 만두의 한반도 정착기와 변화 및 발전 과정 등을 살펴보고자 한다.

무엇이 '만두'인가?: 만두의 정의

우리는 어떤 음식을 '만두'라고 부르고 있을까? 표준국어대사전에서는 "밀가루 따위를 반죽하여 소를 넣어 빚은 음식. 삶거나 찌거나 기름에 튀겨 조리하는데, 떡국에 넣기도 하고 국을 만들어 먹기도 한다."라고 만두를 정의한다. 요즈음에는 밀가루를 사용한 피로 만든 만두가 주류라는 것은 부인할 수 없다. 물론 감자만두

다양한 만두

나 어만두, 천엽만두와 같이 녹말가루나 생선껍질로 만두피를 빚은 것도 있으나, 밀가루가 아닌 다른 곡물이나 기타 재료를 이용하여 만두 껍질을 만든 것에는 보통 '만두'라는 글자 앞에 수식어(주로 만두피의 재료: 감자, 메밀, 생선 등)를 추가로 더하여 따로 구분한다.* 그러니까 통칭되는 '만두'라는 요리명은 밀가루를 주재료로 삼아 외피를 만든 것이라고 할 수 있겠다.

중국에서는 언제부터 만두를 먹기 시작했을까? : 만두의 기원

글의 앞머리에서 한반도의 만두는 중국으로부터 유입된 음식이라고 한 바 있다. 하지만 이는 우리가 만두로 통칭하는 음식을 중국이 세계 최초로 만들어 먹었다거나, 중국에만 존재했던 특유의 요리라고 단정하는 것이 아니다. 비록 부르는 이름은 각각 다를지언정, 밀가루 피에 갖가지 식재료를 채운 뒤 가열하여 조리한 음식은 여러 나라에서 보이고,** 만두의 주재료가 되는 밀을 최초로 재

---

* '만두' 앞에 붙는 수식어가 반드시 만두피의 주재료만 의미하는 것은 아니다. 김치만두, 해물만두, 굴림만두, 손만두, 왕만두, 납작만두, 군만두, 찐만두 등의 예에서도 알 수 있듯이, 만두소의 재료, 만두의 외형과 크기, 조리법 등을 드러내는 단어가 추가되기도 한다.

** 튀르키예의 만티(Mantı), 이탈리아의 라비올리(Ravioli), 러시아의 펠메니(пельмень) 등. 자세한 것은 정혜경, 「만두 문화의 역사적 고찰」(『동아시아식생활학회 학술대회논문집』, 2008) 참조

배한 곳은 중국이 아니기 때문이다.

만두 탄생의 전제 조건: 밀의 재배와 제분술의 발전

밀은 기원전 1만 년경에 흔히 '비옥한 초승달 지역(Fertile Crescent)'이라고 부르는 서아시아 일대에서 처음으로 재배가 시작되었다. 하지만 중국으로 밀이 전해진 시기는 이로부터 몇천 년의 시간이 더 지난 후였다.

다음 페이지 상단의 그림은 중국으로의 밀 전파를 설명해 준다. 붉은색 점은 지금으로부터 탄화(炭化) 밀의 유적이 발견된 곳으로, 신장(新疆), 간쑤(甘肅), 허베이(河北), 허난(河南), 산둥(山東) 등이 있다. 붉은색 화살표로 볼 수 있듯이, 밀은 서역으로부터 들어와서 중국의 서북부에서 동북부 지역으로 유입되었다. 탄소연대측정법에 따르면, 이들 유적에서 발견된 밀은 약 4000년 이전의 것이라고 한다.

그러나 밀이 중원에서 널리 재배되기 시작한 것은 한나라 이후이다. 밀의 확산이 늦어진 것의 원인은 몇 가지가 있다. 우선, 일찍부터 조와 수수가 식량으로 재배되고 있었던 것을 들 수 있겠다. 오랜 시간에 걸쳐서 형성된 식습관을 하루아침에 바꾸기는 어려웠을 테니 말이다.

밀의 재배 범위 확산이 정체된 또 다른 이유는 밀 자체의 특성에 기인한다. 밀은 알곡이 거칠고 단단한 편이라서, 찌거나 삶는다 하더라도 조, 수수, 쌀과 같은 곡물의 식감만 못했다. 밀에 별도의 가공을 하지 않은 채 낟알로 지은 밥은 인기가 없었다. 그래서 가격이 저렴했으니, 밀밥은 서민의 음식이었다.

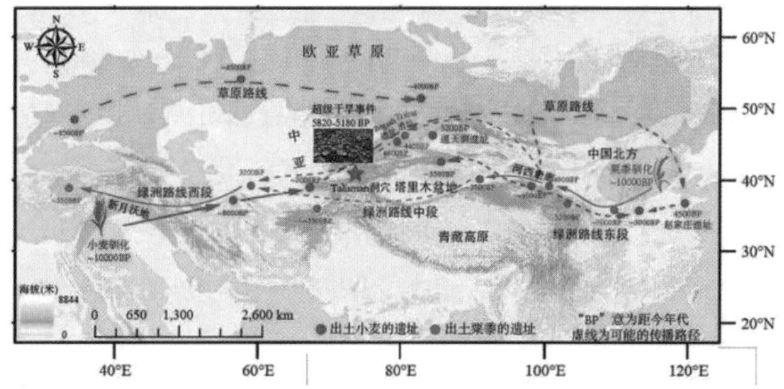

붉은색 점과 화살표는 밀이 출토된 지역과 전파경로, 파란색은 조·기장의 출토지와 전파경로를 나타낸다.(출처: https://baijiahao.baidu.com/s?id=1697612602073007055&wfr=spider&for=pc)

고대 맷돌과 찜기

그런데 동한(東漢, 25~220) 때 제분법이 크게 발전하여 전과 비교하여 분식(粉食)이 수월해지게 된다. 맷돌의 대형화와 맷돌 기술, 물레방아 등의 확대 보급 등으로 인하여 과거 제왕이나 귀족들 정도만 향유할 수 있었던 귀한 음식인 분식을 서민들도 점차 맛볼 수 있게 되었다. 이와 더불어 밀가루를 면포나 체에 걸러서 가루를 곱게 가공하는 기술 또한 진보하게 된다. 이는 분식의 확대를 견인하였다.

즉 밀의 유입과 재배, 제분술과 밀가루 가공법의 발전은 만두류 음식이 다양하게 발전할 토대를 마련해 주었다.

만두의 최초 고안자가 제갈량이라고?

만두의 기원을 이야기할 때면 흔히 사람들의 입에 오르는 인물이 바로 제갈량(諸葛亮, 181~234)이다. 제갈량의 손에서 만두가 탄생했다는 설과 관련한 최고(最古)의 기록은 고승(高承, 1078~1185)의 『사물기원(事物紀原)』에서 찾을 수 있다.

> 옛날에 제갈무후가 맹획(孟獲)을 정벌할 때, 누군가 "만지(蠻地)에는 사술(邪術)이 많으니, 모름지기 신께 신병(神兵)을 빌려달라고 기원해야 도움을 받을 수 있을 것입니다. 하지만 만속(蠻俗)에 의하면 필시 사람을 죽여 그 머리로 제사를 지내야 신이 흠향하고 출병할 수 있습니다."라고 말했다. 무후는 그의 말을 따르지 않고, 양과 돼지의 고기를 섞어서 밀가루로 싼 뒤 사람의 머리 모양으로 만들어 제사를 지냈다. 진대 노심(盧諶)의 『제법(祭法)』에 "봄 제사 때 만두를 써서 처음으로 제수품에

나열하였다"고 하였고 속석(束皙)의 『병부(餠賦)』에도 그러한 이야기가 있는 것으로 보아 만두는 아마도 무후로부터 비롯되었을 것이다." (『사물기원』)

諸葛武侯之征孟獲, 人曰蠻地多邪術, 須禱於神, 假陰兵以助之。然蠻俗必殺人, 以其祭之, 神則助之, 爲出兵也。武侯不從, 因雜用羊豕之肉, 而包之以面, 像人頭以祠, 神亦助焉, 而爲出兵。晉盧諶祭法, "春祠用曼頭, 始列于祭祀之品", 而束皙餠賦, 亦有其說, 則饅頭疑自武侯始也.

『사물기원』은 제갈량의 만두 창조설을 뒷받침하고자 하여, 진대(晉代) 노심의 『제법』과 속석의 『병부』를 인용하였다. 그런데 이것은 도리어 제갈량 창조설에 대한 의구심을 증폭시킨다.

초봄 음양이 교차될 때, 한기는 이미 사라졌지만 온기가 아직 한창에 이르지 못한다. 이때의 연회에서는 만두를 차리는 것이 적당하다. (『병부』)

三春之初, 陰陽交際, 寒氣旣消, 溫不至熱. 於時享宴, 則曼頭宜設.

노심(285~351)과 속석(261~300)은 모두 제갈량이 남만으로 출정한 시기로부터 그리 멀지 않은 시대를 살았던 사람이다. 만약 정말로 제갈량에 의해 처음 만들어졌다면, 만두는 겨우 몇십 년 만에 제사나 연회음식의 자리에 등극했다는 말이 된다. 교통, 통신, 미디어가 고도로 발달한 현대 사회야 신문물도 금세 전국적 유행을 하지만, 고대사회가 어디 그러했을까?

물론 항상 예외는 있는 법이니, 만두가 전례 없는 높은 인기를 구가하여 단기간에 전국적으로 유행했을 수도 있다. 만약 그랬다면, 제갈량 사후 100년 내외의 시대를 살았던 노심과 속석은 왜 만두를 '蠻頭'가 아니라 '曼頭'라고 표기했을까?

중국은 기원전부터 밀을 재배하기 시작하였고, 전국시대에 이미 밀가루 음식을 먹었다는 기록도 남아 있다. 한무제 때 동중서의 건의로 밀 농사가 장려되었고, 동한 때부터 제분 기술이 획기적으로 발전하여 분식 문화가 확대되기 시작하였다. 요리명이 아예 달랐거나 혹은 '만두'라고 불렀다 하더라도 표기한 한자가 달랐을 수는 있지만, 제갈량도 생전에 만두와 유사한 음식은 맛보았을 가능성이 크다. 따라서 만두를 제갈량이 최초로 만들었다거나 만두가 만인의 머리[蠻頭]에서 유래했다는 설은 믿기 어렵다.

진수(陳壽, 233~297)의 역사서 『삼국지(三國志)』에는 만두는커녕 제갈량이 맹획을 여러 차례 사로잡고 놓아주었다는 이야기조차 보이지 않는다. 지방지 『화양국지(華陽國志)』(355)에서 처음으로 칠종칠금 고사가 등장하지만, 여기에서도 제갈량이 만두를 만든 이야기는 전혀 언급하지 않는다. 단기간에 제수품이 될 정도로 만두가 세간에서 크게 유행을 하였다면, 『삼국지』는 몰라도 『화양국지』에는 제갈량과 만두의 관계를 설명하는 기술이 포함되어 있지 않았을까? 위진남북조시대(220~589)에 나온 기타 역사서에도 만두와 제갈량을 관련짓는 기술은 보이지 않는다.

제갈량이 노수에서 제사를 지내는 것을 묘사한 그림

『사물기원』 이전, '만두 제갈량 창조설'을 뒷받침할 역사적 근거가 없다. 하지만 사실이든 아니든 이야기 자체가 상당히 흥미롭고, 제갈량의 캐릭터가 세인들의 선입견(지혜가 뛰어난 사람)에 부합하고 기대심리(인정이 넘치는 따뜻한 인물)를 충족시킨다. 그래서인지 나관중(羅貫中, 1330?~1400)도 이 고사를 소설 『삼국지』에 녹여냈다. 그 이전의 기술과 비교하여, 소설 『삼국지』는 훨씬 풍부하고 흡인력 있는 내용으로 이야기를 풀어냈다.

갑자기 검은 구름이 몰려오면서 광풍이 휘몰아쳐 군사들이 강을 건널 수 없었다. (…) "본래 노수에는 미친 귀신이 있어서 재앙을 일으키니, 그곳을 건너려면 반드시 제사를 지내야 합니다." 공명이 묻는다. "무엇으로 제사를 지내야 하오?" 맹획이 설명한다. "옛날에 미친 신이 재앙을 일으킬 때 49개의 사람 머리와 검은소, 흰양을 잡아 제사를 지냈습니다. 그랬더니 자연히 바람이 잦아들고 물결이 고요해졌으며, 나아가 해마다 풍년이 들었습니다." 공명이 탄식한다. "내 이제 대사를 마쳤는데 어찌 다시 귀중한 목숨을 하나라도 없앨 수 있겠소? (…) 이 모든 것이 나의 죄로다! 지난번에 마대가 거느린 촉군 1천여 명이 이 물을 건너다 죽었고, 그 후 남만 사람들을 죽여 이곳에 버렸으니 미친 혼령과 원귀가 한을 풀지 못하였을 것이다. 내 오늘밤 물가에서 이들을 위해 제를 올리리라." 그곳 사람이 다시 말한다. "옛법에 따라 사람머리 49개를 바쳐 제사를 지내면 원귀들이 스스로 물러갈 것입니다." "사람이 죽어서 원귀가 되었는데 어떻게 또 사람을 죽일 수 있겠는가? 내게 좋은 방도가 있도다. (…) 소와 양을 잡고 밀가루를 반죽해 사람머리 모양을 만들되 그 속에 쇠고기와 양고기를 채워넣도록 하라." 그리고 이것을 이름하여 만두(饅頭)라고 했다.* (소설 『삼국지』 91회)

이상의 내용을 정리해 보면, 송대 『사물기원』 이후로 제갈량이 만두를 처음 만들었다는 설이 퍼지게 되었지만, 이 설은 믿기 어렵

* 나관중 저, 황석영 역, 『삼국지』 8권, 창작과비평사, 2003, 144~146쪽.

다. 위진시대 역사서에서 관련 기술을 찾을 수 없거니와, 최초 기록인 『사물기원』도 논리적 모순을 내포하고 있기 때문이다. 그러나 이야기 자체가 무척 재미있고 인물 형상이 민심에 부합하는 데가 있어서, 진실 여부와 관계없이 이 설은 더욱 널리 퍼져나갔고, 나관중은 흩어져 있던 관련 이야기를 집대성하여 소설 『삼국지』에 담아냈다. 소설 『삼국지』의 인기와 영향력으로 말미암아, 지금까지 만두를 처음 만든 사람이 제갈량이라는 이야기가 정설인 듯 퍼지게 되었던 것 같다.

다종다양한 중국만두

중국에는 매우 다양한 종류의 만두류 음식이 있다. 이 중에서 우리에게 비교적 익숙한 것으로 만터우, 바오쯔, 쟈오쯔, 훈툰* 등을 꼽을 수 있지 싶다.

만터우(馒头, 饅頭)

우리의 만두와 한자가 같은 만터우. 하지만 명칭과 밀가루가 피의 주재료인 것을 제외하면 생김새도, 만드는 법도 다르고, 당연한 말이지만 맛도 전혀 비슷하지 않다.

다음 페이지의 그림에서 보듯이, 만터우의 외형은 반구형으로 매끈한 표면을 자랑한다. 오늘날 중국에서는 발효시킨 밀가루 반

* 국립국어원의 중국어 표기법에 의거하여 표기함.

만터우

죽에 모양을 만들어 소를 넣지 않고 쪄낸 것을 일러 만터우라고 한다.

초기의 만터우는 육류나 채소로 소를 넣은 음식이었다. 그러나 송대부터 만터우에 변화가 생기는데, 『연익이모록(燕翼詒謀錄)』은 "인종의 생일에 신하들에게 바오쯔, 즉 세간에서 만터우라고 부르는 것을 하사하였다. 이것은 밀가루를 발효시켜 만드는데 소를 넣거나 소 없이 쪄내는 것을 일러 만터우라고 한다."라고 하였다. 즉 송대 이후에는 소가 없는 발효병도 만터우 혹은 바오쯔라고 불렀던 것을 알 수 있다. 그런데 청대 이후로는 소가 없는 것을 '만터우', 속을 채운 것을 '바오쯔'로 구분하여 지칭했다. 이후로 만터우는 소가 들어가지 않은 발효병을 부풀려 찐 음식을 일컫는 말로 굳어지게 되었다. (하지만 상하이나 쑤저우, 저장 등 일부 지역에서는 속이 든 찐빵류도 만터우로 칭하기도 한다.)

만터우는 북방 사람들이 쌀밥 대신 주식으로 즐겨 먹는다. 북방은 밀이 초기에 유입된 곳이고 밀 재배에 적합한 기후조건을 가지고 있어서 밀 생산량이 많았기 때문에, 오래전부터 면식 문화가 자리를 잡았다. 지금도 베이징이나 허베이 등 중국의 북방에서는 아침식사로 만터우를 먹는 모습을 흔히 볼 수 있다.

바오쯔(包子)

바오쯔는 발효병을 증기로 쪄낸다는 점에서 만터우와 동일하지만, 갖가지 재료로 속을 채워낸다는 점에서 차별성을 가진다. 또한 외형도 약간의 차이가 있다. 만터우는 이음새가 없지만, 바오쯔는 발효된 밀가루 안에 소을 채워 오므려 만들기 때문에 아래 그림과 같이 표면에 주름이 있어서 매끈한 만터우와 같지 않다. 이뿐만 아니라 크기도 만터우보다는 조금 작고 피도 상대적으로 얇은 것이 보통이다. 우리에게 친숙한 샤오롱바오(小笼包, 小籠包)나 150년 이상의 역사를 가진 거우부리(狗不理)에서 판매하는 것이 바로 바오쯔의 일종이다.

만터우나 바오쯔는 춘절과 같은 명절이나 생일이나 결혼식 등 특별한 날에는 빠지지 않고 상에 올라오는 음식이다. 중국인들은 둥글고 복스러운 모양의 만터우나 바오쯔를 빚어 먹으면서, 모든

바오쯔

일이 원만하게 이루어지고 가족의 단란함이 오랫동안 유지되기를 바라는 소망을 담아낸다.

자오쯔(饺子, 餃子)

중국의 만두류 중, 우리의 만두와 가장 비슷한 모습을 가진 것이 바로 자오쯔인데, 한자 독음은 '교자'이다. 우리는 왕만두와 교자를 구분하지 않고 '만두'라고 통칭하지만, 중국에서 만터우와 자오쯔는 서로 구분된다.

우선 자오쯔는 밀가루 반죽을 밀어서 피를 만들고 그 안에 갖가지 재료로 만든 소를 넣는다. 만터우는 밀가루를 발효하여 부풀리지만, 자오쯔는 비발효 반죽을 얇게 펴서 빚는다는 차이점이 있다.

다음으로 만터우나 바오쯔는 대부분 쪄서 조리하는 음식이지만(작은 크기의 만터우를 튀긴 것은 '진만터우(金馒头)'라는 이름으로 칭함), 자오쯔는 물에 넣고 삶거나(水饺) 찌고(蒸饺), 기름에 튀기거나 굽는(煎饺) 등 조리 방법이 다양한 편이다.

이뿐만 아니라, 자오쯔와 만터우류는 형태에서도 차이를 보인

자오쯔

고분에서 출토된 자오쯔

다. 만터우와 바오쯔는 소의 유무에 차이가 있어서 표면에 주름 유무의 차이가 있기는 하지만, 대체로 둥근 형태이다. 그런데 자오쯔는 소를 많이 채워 넣어서 만터우보다 길쭉한 편으로, 초승달 혹은 사람의 귀 모양을 닮았다.

자오쯔는 중국에서 '의성(醫聖)'이라 일컬어지는 장중경(張仲景, 150?~219?)이 처음 만들었다는 전설이 있다. 전란이 계속되고 전염병이 유행했던 동한 말기의 어느 겨울, 장중경은 굶주림과 추위 때문에 귀가 얼어붙어 동상으로 고생하는 백성들을 목도하게 된다. 딱한 처지에 놓인 백성들을 안타깝게 여긴 장중경은 양고기와 고추, 한기를 물리는 약재를 밀가루 반죽에 넣어 귀 모양으로 빚고 끓여서 고통받는 사람들에게 나누어 주었다. '거한교이탕(祛寒嬌耳湯, 취한자오얼탕: 추위를 몰아내고 귀를 아름답게 만드는 탕)'이라 이름한 이 음식을 먹은 백성들은 몸에서 열이 나고 혈액 순환이 원활해졌고 얼어붙었던 귀도 점점 나아지기 시작했다. 이로부터 민간에서 동지에 자오쯔를 먹는 풍습이 시작되었다고 한다.

자오쯔 장중경 기원설도 만두 제갈량 기원설과 마찬가지로 신빙성이 그리 높지 않다. 그런데 진실 여부와 관계없이, 동시대를 살았던 두 사람을 만두류의 창시자로 꼽는 것은 주목할 만하다. 이는 제분 기술이 동한 말기에 획기적으로 발전하고 위진시대에 널리 보급된 것과 관련이 있어 보인다. 장중경이나 제갈량이 태어나기 전에 이미 출현한 음식이지만, 세간에서 매우 유명한 인물의 휴머니즘 넘치는 일화를 덧붙여, 만두류 음식의 의미를 더욱 풍부하게 만들었다. 이 얼마나 성공적인 스토리텔링인가!

훈툰(馄饨, 餛飩)

훈툰과 자오쯔는 같은 계통의 음식으로, 둘 다 발효하지 않은 얇은 피에 소를 넣어 만든다. 다만 훈툰은 자오쯔보다 크기가 작고 피가 얇으며, 찌기보다는 탕에 넣어 끓여서 국물과 함께 먹는다는 차이가 있는 정도이다.

훈툰

사실 훈툰은 자오쯔보다 앞서 나온 명칭이다. 명칭의 원형은 한자 독음이 같은 혼돈(混沌, 지금 중국 표준어로 읽으면 '훈둔')이었는데, 혼돈의 모양에서 유래했다고 한다. 우리는 '혼돈'이라는 한자어를 '무엇이 마구 뒤섞여 갈피를 잡을 수 없는 상태'를 지칭할 때 주로 사용하니, '혼돈'에 모양이 있다는 말을 들으면 머릿속에 혼돈이 찾아온 것처럼 혼란스러워질 것만 같다. 더 이상의 혼돈을 막기 위해 『장자(莊子)』를 살펴보자.

> 남해의 제왕을 숙(儵), 북해의 제왕은 홀(忽)이라고 하고, 중앙의 제왕을 혼돈(混沌)이라 한다. 숙과 홀은 때때로 혼돈의 땅에서 만났는데, 혼돈은 그들을 매우 후하게 대접하였다. 숙과 홀은 혼돈의 덕을 갚으려고 하였다. "사람들은 모두 일곱 개의 구멍이 있어서 보고 듣고 먹고 숨을 쉰다. 그러나 혼돈 혼자만 (7개의 구멍이) 없으니, 그에게 일곱 개의 구멍을 뚫어줘 보자." 이에 숙과 홀은 혼돈에게 매일 하나씩 구멍을 뚫어줬는데, 7일 만에 혼돈이 죽었다.

혼돈(混沌)은 아무런 틈이 없는 달걀과 같은 모양이었는데, 그 안에서 반고(盤古)가 태어나서 천지만물이 만들어졌다는 중국의 창세신화도 있다. 이로 볼 때, 혼돈은 모서리가 없이 둥근 형태를 의미한다는 것을 알 수 있다. 전체적으로 둥그스름한 데다 빈틈없이 소를 물고 있는 형태가 반고 신화와 『장자』에 등장하는 '혼돈'을 떠올리게 한 듯하다.

어쩌면 우리에게 '훈툰'이라는 이름은 조금 생소할지도 모르겠다. 하지만 '완탕(완당)'은 어떤가? 광둥지역에서는 훈툰을 '雲吞'이라고 불렀는데, 현지 발음으로 '완탄[wɐn3 tɐn1]'이라고 한다. 화

교들의 출신지 중에서 가장 높은 비율을 차지하는 지역이 광둥이기 때문에, 서구에서는 '훈툰'이 아니라 'Wonton'으로, 일본에서는 'ワンタン(완탕)'으로 불렸다.

해가 바뀌는 새해 아침, 중국의 북방 사람들은 자오쯔를 먹고 남방 사람들은 훈툰을 즐긴다. 자오쯔라는 발음이 '交子(자시가 교차하여 해가 바뀌다)'의 발음과 같기 때문이다. 또한 훈툰은 천하 만물의 모체인 혼돈으로부터 유래한 것이기 때문에, 새로운 세상을 다시 시작한다는 의미로, 새로운 한 해를 시작하는 음식이 된 것이다.

한반도의 만두

한반도의 사람들은 언제부터 만두를 먹기 시작했을까? 그동안 학계에서는 중국으로부터 만두가 전래된 시기를 대략 고려시대로 추정한다. 한국 음식 연구의 1세대 학자로 꼽히는 이성우는 『한국요리문화사』(1985)에서 만두 기원과 관련하여 다음과 같이 언급하였다.

> "이 饅頭는 霜花란 이름으로 고려시대에 이 땅에 들어왔음을 高麗歌謠인 「雙花店」을 통하여 알 수가 있다."

이후 많은 학자들이 이성우의 주장에 궤를 같이했는데, 충렬왕이 재위하던 시기(1274~1298)에 유행했던 노래 〈쌍화점〉에서 회회아비가 팔던 '쌍화'가 밀가루 안에 고기소를 넣은 만두류 음식이었을 것으로 보았기 때문이다.

그런데 만두가 쌍화 이전부터 고려사회에 존재했다는 주장이 나왔다. 공만식(2022)*은 고려사회에 '쌍화' 이전부터 채식과 육식 만두 문화가 정착되어 지속되었다고 하였다. 『고려사』의 「효우열전(孝友列傳)」 위초(尉貂) 조에 "위초가 넓적다리 살을 베어 혼돈의 소로 만들어 먹였다(尉貂即使割股肉雜置餛飩中饋之)."라는 기술이 있다. 위초의 일은 명종 재위 시기(1170~1197)이고, '혼돈'은 중국의 비발효 만두인 훈툰을 의미하기 때문에, 공만식의 주장은 상당한 설득력이 있다고 생각한다.

적어도 고려시대에 한반도로 건너온 만두는 조선시대에도 궁중 요리나 제사, 잔치 음식 등 귀한 음식으로 대접받았다. 한반도는 기후나 토양 조건상 밀 재배 지역이 그다지 넓지 않았다. 봄밀은 평안북도, 함경남도의 일부 지역에서만 재배되었고, 황해도와 경상북도 · 평안남도 · 강원도 일부 지역에서는 겨울밀이 재배되었기 때문에 밀가루 분식은 누구나 흔히 접할 수 있는 것이 아니었다. 『조선왕조실록』에 "진전(眞殿)과 불전(佛前) 및 승려 대접 이외에는 만두(饅頭) · 면(麪) · 병(餠) 등의 사치한 음식은 일체 금단하소서"라며 건의했다는 기사**가 보이는데, 밀가루 음식은 조선

---

* 공만식, 「고려시대 만두 문화의 두 흐름-불교사찰의 채식만두&왕실, 민간의 육식만두」, 『불교문예연구』 20집, 2022.

** 『조선왕조실록』, 「세종실록」 16권.(국사편찬위원회 조선왕조실록 https://sillok.history.go.kr/id/kda_10405017_002)

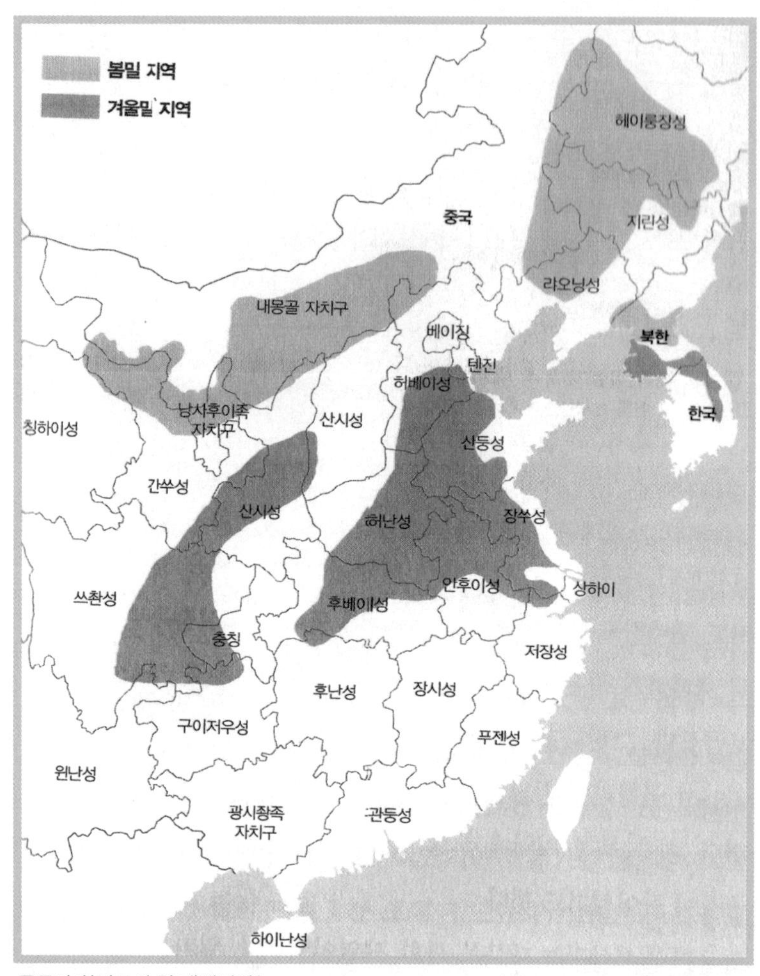

중국과 한반도의 밀 재배지역*

---

* 주영하, 『식탁 위의 한국사』, 휴머니스트, 2013, 451쪽.

에서 아주 귀한 음식이었다는 것을 알 수 있다. 밀이 흔하지 않았던 조선은 밀가루가 아닌 메밀가루나 전분, 그리고 민어, 숭어, 준치 등 생선살이나 천엽 등의 재료로 만두피를 만들기도 하였다. 이로 인해 한반도의 지리, 기후, 생활 조건에 따라 중국과는 다른 다양한 종류의 조선식 만두가 탄생하고 현지화된 형태로 발전하게 되었다.

조선시대 밀가루는 귀한 가루라는 뜻으로 '진말(眞末)'이라고 불렸고, 조선 말기까지 밀가루 분식은 궁중이나 상류층들의 전유물이었다. 그런데 일제강점기가 되면, 밀가루 분식이 대중화되기 시작한다. 조선총독부는 조선에서 쌀을 수탈하였고, 조선 내 쌀의 수요를 밀로 대체시키고자 하였다. 1910년대에는 미국, 러시아 등지에서 밀을 수입하다가, 1920년경부터 재래밀의 품종 개량을 시작하였다. 이때부터 여러 곳에 제분 공장이 세워지고, 서울과 그 이북에서 밀가루 분식이 확대되기 시작하였다. 그리고 이때 조선으로 들어온 화교의 수가 늘어나면서 호떡집*이 들어서게 된다. 밀가루의 보급 확대와 호떡집의 증가로 한반도도 만두의 대중화, 외식화의 길로 접어들게 된다.

1950년 한국전쟁은 만두를 한반도 어디서나, 누구나 먹을 수 있는 음식으로 만드는 분기점이 된다. 이북의 주민들이 남쪽으로 피난을 오면서 그들의 식문화가 자연스럽게 남쪽으로도 이식되게

---

* 당시 사람들은 중국에서 들어온 것에 호(胡)자를 붙였고, 병(餠: 밀가루 음식)은 익숙한 음식 '떡'으로 대체하였다. 따라서 호떡집은 지금 우리가 먹는 호떡과 같은 음식을 판매하는 가게가 아니라, 중국식 밀가루 음식을 취급하는 식당을 지칭한다.

되었다. 그 이전까지 명절에 만두를 빚거나 만둣국을 먹는 문화가 없었던 대부분의 남쪽 지방에도 만두 문화가 퍼지게 된다.

한국전쟁 직후 한국은 인구는 증가하는데 농토의 황폐화로 쌀 수급이 매우 어려운 상황에 놓이게 되었는데, 이때 쌀의 수요를 보완하거나 대체한 것이 미국으로부터 원조받은 밀가루였다. 쌀뿐만 아니라 기타 곡물들의 부족분도 밀가루로 메웠다. (그렇게 탄생한 음식 중 대표적인 것이 바로 밀면이다.)

1960년대 이후, 정부의 '혼분식 장려정책'으로 말미암아, 밀가루 음식은 당당하게도 한국인의 음식 문화의 한 축이 되었다. 박정희 정부는 1969년부터 1977년까지 특정 요일, 특정 시간 동안 쌀로 만든 음식을 판매하지 못하도록 강제함으로써, 외식의 중심에 분식을 위치시키고자 하였는데, 떡국을 팔던 식당은 만둣국으로 메뉴를 바꾸기도 하였다고 한다. 또한 1973년 설날 즈음에는 만둣국을 대대적으로 홍보하여, 떡국의 자리를 만둣국이 대체하도록 유도하였다.* 당시 신문 기사에는 김치만두 만드는 법 등이 소개되기도 한다.

1970년대 말부터 국내의 냉동만두 판매가 시작되어, 80년대 중반이 되면 기업들이 냉동만두 시장에 뛰어들게 되면서 본격적으로 냉동만두의 시장이 확대되었다. 60년대 이후, 밀가루 분식은 한국의 보편적인 음식 중 하나로 자리매김을 하게 되었고, 냉동만두가 판매되기 시작하면서 한국인에게 만두는 가격이 저렴한 간편식이 되었다.

---

* 박정배, 『만두』, 따비, 2021, 292쪽.

최근에는 왕만두나 삼각만두, 납작만두 등, 냉동만두의 형태가 다양화되었다. 하지만 초기의 시판 만두는 대부분 교자의 형태였다. 이는 일본의 교자만두 기계를 수입하여 생산을 시작했기 때문일 것이다. 지금 우리가 생각하는 만두는 자오쯔나 훈툰처럼 비발효 반죽을 빚어 만든 것이다. 만터우나 바오쯔와 같은 발효병을 사용하여 두툼한 형태로 만든 종류는 만두가 아니라 찐빵, 호빵 등 다른 이름으로 불린다. 조선시대에 상화, 편수, 각자, 만두 등 다양한 이름으로 불리던 만두의 명칭이, 현대에 와서 '만두'로 통칭된 것에는 냉동만두의 대중화도 큰 몫을 했으리라 생각한다.

한반도에서 만두라는 음식은 중국의 만두류 음식을 받아들이면서 시작되기는 하였다. 하지만 수백 년의 시간 동안, 우리의 기후와 산물, 우리네 사람들의 입맛에 맞게 다양하게 변주되면서 현지화되었다. 명칭이 비슷하기는 하지만, 우리는 중국의 만터우처럼 밀가루를 발효하여 만두피를 만들지 않는다. 또한 외형이나 비발효 피를 사용한다는 점은 자오쯔와 유사하지만, 우리의 만두는 중국의 것과 비교하면 피가 훨씬 얇다는 특징이 있다. 중국은 자오쯔를 주식으로 여기지만, 우리에게 만두는 밥을 대체하는 식사라기보다는 간식으로 받아들여지기 때문이다.

중국은 서역으로부터 받아들인 밀가루 반죽에 소를 채워서 만든 음식에 자신들의 발효법과 찜 조리법을 접목하여 만터우와 바오쯔를 만들었고, 이를 '중화요리'라고 칭한다. 우리의 '만두' 혹은 'Mandu' 또한 마찬가지이다. 중국의 饅頭에서 유래되기는 하였으되, 오랜 시간의 현지화 과정을 거치면서 명칭, 제조법, 조리법 등에서 중국과 뚜렷한 차별성을 가지게 되었다. 만두는 수백 년의 시간 동안 변화와 발전 과정을 거듭한 끝에, 우리의 사정과 입맛에 맞는 '만두' 혹은 'Mandu'로 환골탈태하였다. (이민경)

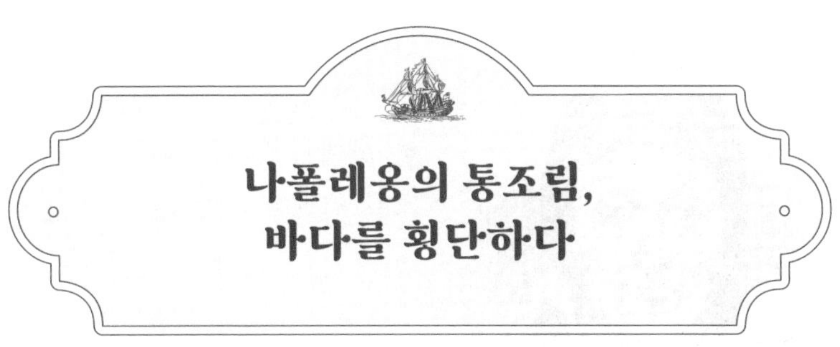

나폴레옹의 통조림, 바다를 횡단하다

나폴레옹과 통조림의 발명

통조림의 발명은 전쟁 중 군수품의 필요성에서 비롯되었다. 나폴레옹은 프랑스 대혁명 이후 유럽을 휘젓고 다니면서 전쟁을 치렀다. 전쟁에 참여한 병사들은 음식물을 제때 공급받지 못해서 굶주리거나 신선한 음식물의 부족으로 괴혈병에 걸리는 일이 많아졌다. 이에 나폴레옹의 명으로 1804년 프랑스 산업장려협회는 음식물의 보존 방법에 대한 공모를 내걸었다. 상금은 1만 2천 프랑으로 지금의 원화로 1억이 넘는 금액이었다. 공모 소문을 듣고 파리에서 제과점을 운영하던 니콜라 아페르(Nicolas Appert, 1750~1841)가 코르크 마개로 입구를 막은 병을 가져왔다. 아페르

니콜라 아페르

가 가지고 온 병 속에는 고기와 야채를 섞어 조리한 음식이 신선한 상태로 들어 있었다. 나폴레옹은 아페르에게 "병 속에 들어 있는 야채가 얼마나 오래된 것이냐?"라고 물어보았고, 아페르는 "3주 전이옵니다."라고 대답하였다. 음식물의 신선도를 확인한 나폴레옹은 그 즉시 상금을 지급하였다고 한다.*

통조림이나 병조림은 양철관이나 유리병 등의 용기에 식품을 채우고 밀봉한 후 가열살균을 하여 식품의 변패를 막도록 한 저장식품의 하나이다. 즉 밀봉으로 용기 외부로부터의 미생물 침입을 방지하고 가열살균으로 내용물에 부착돼 있는 미생물을 살균함으로써 내부 식품의 변패를 막아 장기 저장이 가능하게 한 것이다. 당시 니콜라 아페르가 고안한 방법은 광구(廣口) 유리병에 식품을 넣고 끓는 열탕에 담가 충분히 가열한 후 내용물이 뜨거울 때 코르크 마개로 단단히 밀봉하는 아주 간단한 방법이었다. 그 후 1810년에 영국의 피터 듀란드(Peter Durand, 1766~1822)가 유리병 대신에 양철을 오려서 납땜으로 만든 양철용기를 사용하는 방법을 고안했다. 그는 이 양철용기를 '틴 캐니스터(Tin Canister)'라고 불렀다. 오늘날 통조림 제조에 사용

* "통조림이야기(一)", 『동아일보』, 1933. 12. 17.

틴 캐니스터(출처: 『WORLDKINGS』 2020.10.27.)

통조림 관을 생산하는 모습(출처: Pomodoro 박물관)

되는 양철관을 캔(Can)이라고 부르는 것은 이 캐니스터(Canister)라는 말에서 유래한 약어라고 한다.*

이와 같이 아페르, 듀란드 등이 창안한 통조림 제조기술은 미국으로 건너가 크게 발전하였다. 통조림 제조업자가 직접 수공업으로 만들어 사용하던 양철관 제조가 점차 기계화되고 그 기술이 혁신됨에 따라 제관업이 통조림 제조업으로부터 분리·독립하게 되었고, 그것이 오늘날 통조림 산업이 발전하는 기초가 되었다. 이후 통조림 산업이 급격하게 성장하여, 제2차 세계대전 때에는 미국을 비롯한 연합군 식량의 2/3 정도가 통조림으로 공급되었다고 한다.

일본에서 한국으로 건너온 통조림

일본에서 통조림의 단초를 연 사람은 마츠다 마사노리(松田雅典, 1832~1895)로 알려져 있다. 마츠다는 1869년 프랑스인 교사, 레온 듀리(Leon Dury)에게 통조림 제조법을 구술로 전수받은 후, 1871년 정어리유(油) 통조림을 최초로 시험 제조하였다. 1879년 나가사키 박람회가 나가사키 공원에서 개최되었는데, 박람회의 종료 후 그곳에 통조림 시험소가 설치되어 마츠다가 권업 어용계에 임명되었다. 1884년에 그는 통조림 시험소를 불하(拂下)받아서 '마츠다통조림소(松田缶詰所)'를 개업하였다. 1897년 마츠다통조림소를 후부

* 허영오, 2012, 『통조림가공수협 50년사』, 통조림가공수산업협동조합, 70~71쪽.

가와쵸(夫婦川町)로 이전하여 그곳에 나가사키상품진열소(長崎商品陳列所, 현 長崎市立博物館의 전신)를 개설하였다. 그러나 마츠다 마사노리는 일본에서 통조림의 산업화를 이끌어내지는 못하였다.*

메이지(明治) 초기의 통조림
(출처: 日本製罐協會)

대신 일본 통조림의 산업화를 주도한 것은 세키자와 아케키요(關澤明淸)이다. 『대일본수산회백년사(大日本水産會百年史)』(前編)에 따르면, 1876년에 세키자와가 미국에서 통조림 기계를 들여와서 시험 제조하였고 통조림의 진공화 기술 또한 습득해 왔기 때문에, 일본 통조림 산업화의 기반을 쌓았다고 전해진다.** 한편 1877년 10월 10일 홋카이도(北海道)의 이시카리(石狩)에 일본 최초로 서양식 통조림 제조회사 개척사이시카리통조림소[開拓使石狩罐詰所]가 설립되었으며, 미국인 전문 기사를 초빙하여 통조림 제조를 본격화하였다. 이에 일본에서는 이시카리 지역을 '통조림 발상지'라고 하며, 1877년 10월 10일 통조림 생산에 성공한 것에서 현재 10월 10일을 '통조림의 날'로 기념하고 있다.*** 일본에서는 비싼 가격 때문에 통조림이 생산된 초기에는 국민들에게 대중화되지 못하였

* http://burari2161.fc2web.com/matudamasanori.htm.

** 松井 魁, 『書誌學的水産學並びに魚學史』, 鳥海書房, 1983, 26~27쪽.

*** "개척사이시카리통조림소", https://www.city.ishikari.hokkaido.jp/museum/if0125.html

메이지 초기 통조림 생산 모습
(출처: 日本製罐協會)

고, 대부분 해외수출 및 군수용으로 충당되었다.

일본에서 한국으로 통조림이 건너온 것은 구한말 일제가 조선의 바다를 침탈하면서부터였다. 한국에서 통조림이 최초로 제조된 것은 1892년 전남 완도군 서사리에서 일본인 오가타리 타로우(緒方利太郎)가 잠수기나 나잠으로 어획되는 전복 등을 원료로 하여 통조림을 제조한 것에서 비롯되었다. 1899년에는 전라남도 무안군 흑산면에 마루이치구미 통조림공장(丸一組缶詰工場)이 창립되었다. 기쿠치 아츠시로(菊池篤四郎)가 경영하는 이 공장에서는 주로 장어 통조림이 제작되었다. 1900년에는 일본인 잠수기 업자 니하라조(新原組) · 다케시타조(竹下組) · 이노우에조(井上組) 등이 부산 다대포에 통조림공장을 세웠고, 1901년에는 일본인 이노우에 츠네나오(井上常直)가 경남 거제도에 전복 통조림공장을 세워 전복 통조림을 생산하였다. 1906년에는 전라남도 석곡면에서 장어 통조림공장이 세워졌다. 한일병합 이전까지 한국의 통조림공장은 대부분 전복이나 장어 통조림을 제조하였다.*

* 朝鮮総督府殖産局 編, 『朝鮮工場名簿』, 朝鮮工業協会, 1934; 허영오, 『통조림가공수협 50년사』, 통조림가공수산업협동조합, 2012, 71쪽.

식민지 조선의 통조림 발달사

1910년 한일병합 이후 통조림의 전파양상은 『조선총독부통계연보』(이하 『통계연보』로 표기)를 통해 살펴볼 수 있다. 1913년의 『통계연보』에 식민지 조선의 수산물 가공방식별 수치가 최초로 공개되어 있다. 당시 조선인 수산물 제조업자는 10,493명(94.7%), 일본인 수산물 제조업자 수는 589명(5.3%)으로 식민지 초기에는 아직 일본 자본이 조선의 수산시장에 본격적으로 진출하지 못하였다. 1913년 당시 수산물 제조방식은 소건품(素乾品), 염건품(鹽乾品), 자건품(煮乾品), 동건품(凍乾品), 염장품(鹽藏品), 통조림, 소금에 절인 매운 식품[鹽辛] 등이 있었다.

일제 식민지기 수산가공품을 살펴보면, 소건품으로 조선인은 미역을, 일본인은 오징어를 주로 햇빛에 건조하여 제조하였다. 염건품으로 조선인은 조기를, 일본인은 고등어를 대부분 소금에 절여 건조하였다. 자건품으로 조선인은 굴을, 일본인은 멸치를 쪄서 건조하는 것을 선호하였다. 동건품의 경우 조선인이 99% 이상 제조하였는데, 대부분 명태를 얼려 건조한 것이다. 흰 눈 속에 빽빽이 걸려 있는 명태 덕장은 사극에도 자주 등장하듯이, 동태는 조선시대부터 대표적인 수산가공품이었다. 염장품으로는 조선인은 새우(소위 새우젓)를, 일본인은 고등어를 가장 많이 염장 · 숙성하였다. 일제 초기 통조림은 전복 통조림이 가장 많이 제조되었으며, 그다음으로 소라, 조개, 뱀장어, 털게 통조림 순으로 제조되었다. 소금에 절인 매운 음식은 조선인만이 제조하였는데, 명란젓 · 멸치 · 새우 등이 있었다. 그 외 김은 조선인이, 어묵은 일본인만이

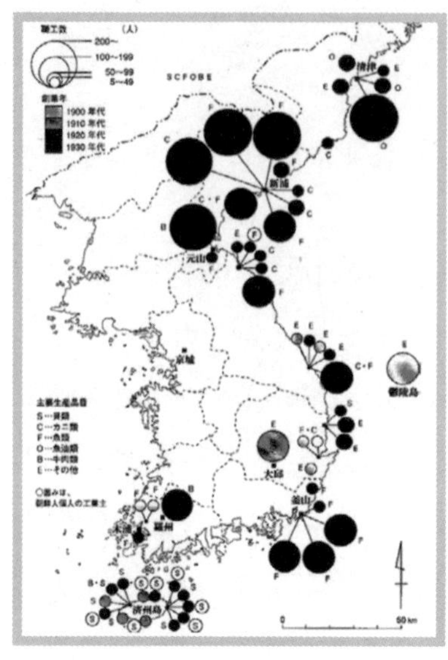

식민지 조선의 통조림공장
(출처: 『朝鮮工場名薄』(1941))

제조하였다. 수산가공업 중 통조림 제조는 해방 전까지 일본 자본이 독식한 대표적인 수산업이었다.

1910년 한일병합 이후 통조림 제조공장의 위치 및 수는 왼쪽의 지도와 같다. 지도를 보면, 1906년에 전라남도 석곡면에 장어 통조림공장이 설립된 이래, 한일병합까지 강원도와 경상북도에 각각 통조림공장 한 곳이 건립된 것을 알 수 있다. 한일병합 이전까지 조선의 통조림공장은 대부분 전복 통조림공장이었다. 그 제조방법은 원료를 관에 넣어 홈 시머(Home Seamer)나 핸드 시머(Hand Seamer)와 같은 간단한 밀봉기를 사용하였고, 또 열탕 중에 살균하는 극히 초보적이고 영세한 생산수단을 사용하여 가내 수공업적인 범위를 벗어나지 못했다.

근대적 방법의 기업화된 통조림공장이 식민지 조선에 세워진 것은 한일병합 이후 털게를 처리 · 가공할 목적으로 일본인 후타니 구니미로(布谷國三郎), 사토오 히코시치(佐藤彦七), 다나베 겐키치(他邊建吉) 등이 공동 출자하여, 성남 신포에 세운 것이다. 이들은 당시 많이 어획되면서도 별로 이용되지 않았던 털게를 처리 · 가공하는 통조림 제조의 기업화에 성공하였다. 그 후 동해안에는 연어어 통조림공장이 건립되었고, 이어 남해안까지 파급되어 통조림업은 일본인에게 전망 있는 사업이 되었다.*

다시 앞의 지도를 보면, 1910년대에는 강원도 이남의 동해안에 통조림공장이 6곳 건립되었다. 단, 한반도 근해의 통조림공장에는 고등어 · 게류가 주요 산품인 것에 비해, 1912년 전라남도, 제주도 한림면에 건립된 이시모토 통조림공장(石本缶詰工場)에서는 소라 통조림이 제조되었다. 1920년대에는 강원도, 경상북도, 제주도에 총 17곳의 통조림공장이 세워졌으며, 그중 9곳은 제주도에 건립되었다. 『통계연보』(1942)에 따르면, 강원도에서는 전복을 물에 끓인 통조림이 가장 많이 제조되었으며, 경상북도에서는 정어리 가공 통조림이 다수를 차지하였다. 제주도에서는 해녀의 잠업이 성행하였기 때문에, 소라 등 어패류 통조림이 주요 산품이었다.

1930년대에는 동해안을 중심으로 조선의 전 지역에 통조림공장이 건립되었다. 그 중에서도 앞의 지도에서 나타나듯이, 함경북도와 남도, 강원도에 통조림공장이 많이 건립되었다. 이는 다음 페이지의 도표에서 나타나듯이, 1933년부터 동해안의 함경도 · 강원도 지역에서 정어리 어획고가 급격히 증가하면서, 털게나 정어리 등 지금까지 원료로서 활용되지 않았던 것이 재료로 선택되었기 때문이다. 털게를 원료로 하는 공장의 규모는 작았지만, 정어리는

---

* 허영오, 『통조림가공수협 50년사』, 통조림가공수산업협동조합, 2012, 71쪽.

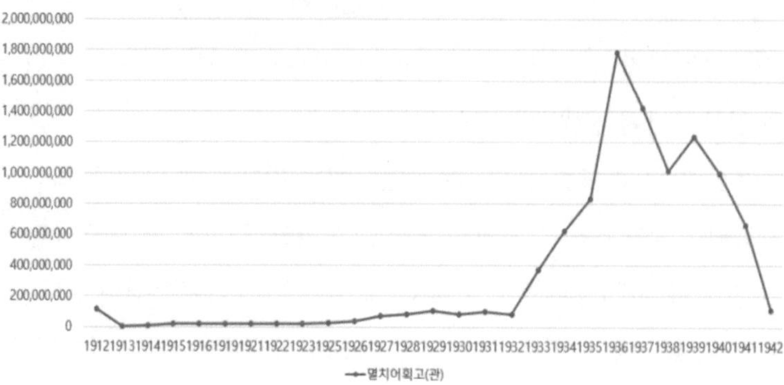

『통계연보』(1912~1942년) 멸치 어획고 추이

염장품, 통조림, 비료, 어유, 어분 등 다양하게 가공되었기에 직원 200명 이상의 대규모 공장이 많았다.

1937년 중일전쟁, 이후 제2차 세계대전의 발발과 더불어 통조림의 군납 수요가 급증하였지만, 실질적인 생산량은 통조림 제조의 원료인 공관(空罐)의 부족으로 급격하게 감소하였다. 그러나 통조림 제조업은 군납으로 공급되면서 시설이나 기술면에서 괄목할 만한 발전을 이루게 되었다. 통조림업의 경기는 제2차 세계대전이 격렬해지자 어선의 징발, 어선 보수 자재의 부족, 어로 자재의 구득난 등으로 어업 생산이 부진한 데다가 공관 공급이 곤란해짐으로써 1940년에 정점에 이른 후 대폭 위축되었다.

식민지 조선의 통조림 왕좌는 전복?

전복 통조림

식민지 조선의 통조림 원료로 사용된 수산물은 『통계연보』에 상세히 기록되어 있다. 1912년 제조된 통조림의 원료로는 전복이 94.5%로 가장 많았으며, 털게가 3.7%, 도미가 1%, 잡어가 0.8% 순이었다. 1913년부터 1917년까지 통조림 생산량은 전복이 가장 많았으며, 그다음으로 소라, 조개, 뱀장어, 털게 순이었다. 1925년까지 『통계연보』에 기록된 통조림 제조액을 도표로 나타내면, 다음 페이지의 도표와 같다. 통조림 생산량은 1915년부터 1916년까지 약 5배 정도 급증하였으며, 1916년도부터 통조림 산업이 비약적으로 발전했음을 알 수 있다.

1918년에는 통조림 원료로 사용되는 수산물이 다변화되기 시작했다. 즉, 고등어 · 오징어 · 고둥 · 꽃게 · 방어 · 가다랑어가 원료로 추가되었지만, 통조림 생산량은 여전히 전복이 총 생산량의 33.5%로 가장 많았다. 그다음으로 고등어(19.3%), 뱀장어(15.1%), 소라(11.3%), 털게(10.7%) 등의 생산량이 많았다. 1927년에는 전복(39.3%), 털게(15.4%), 소라(8.9%), 고등어(8.7%), 기타(27.5%) 순으로 뱀장어 통조림의 생산량이 감소하였다.

1929년에는 전복이 통조림의 왕좌를 털게에 내놓게 된다. 즉,

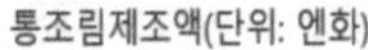

『통계연보』(1911~1925년) 통조림 제조액 추이

1929년 통조림 총 생산량 대비 털게 통조림이 42.7%, 전복 통조림이 17.7%, 고등어 통조림이 14.2%, 뱀장어 통조림이 10.1%, 소라 통조림이 7.3%, 정어리 통조림이 3.8%, 고둥 통조림이 0.9%로 순으로 제조된 것이다. 이와 같이 털게 통조림의 생산량이 증가하면서, 1930년 6월 21일 조선게통조림수산조합이 발족하게 된다.

1931년에는 곧바로 통조림의 왕좌가 게 통조림에서 정어리 통조림으로 바뀐다. 구체적으로 1931년 통조림 총 생산량 대비 정어리 통조림이 28.2%, 털게 통조림이 24.9%, 전복 통조림이 14.9%, 뱀장어 통조림이 14.7%, 소라 통조림이 9.1%, 고등어 통조림이 3.7%, 고둥 통조림이 1.9%, 그 외 조개, 가다랑어, 꼴뚜기 통조림 순으로 제조되었다. 털게에서 정어리로 통조림의 왕좌가 변동되면서, 1931년 8월 31일 게통조림수산조합은 조선통조림수산조합으로 명칭을 바꾸었다. 위 도표에 이어서 1925년 이후 통조림 생산량을 파악하기 위해, 1926년부터 1942년까지 통조림 제조액 추

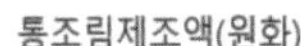

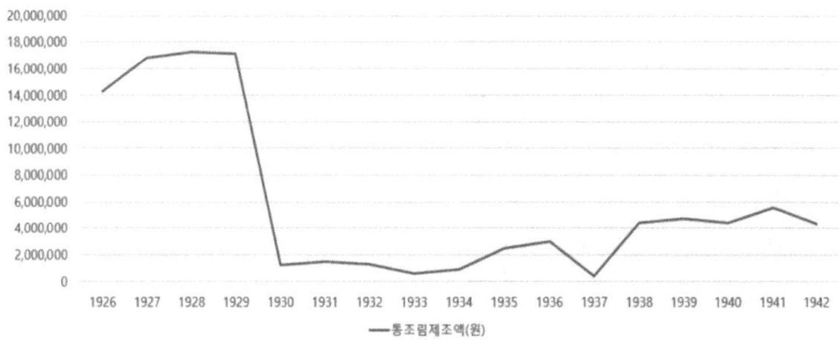

『통계연보』(1926~1942년) 통조림 제조액 추이

이를 도표로 나타내면 위의 도표와 같다. 도표에서 나타나듯이, 1920년대 호황기를 누린 통조림 제조업은 1931년 만주사변의 발발 전후로 전시체제에 들어가면서 그 생산량이 급감했음을 알 수 있다.

1933년『통계연보』의 통조림 생산현황을 살펴보면, 털게 통조림이 23.2%, 정어리 토마토 담금 통조림(鰮トマト漬)이 22.5%, 정어리 통조림이 17.3%로 정어리 가공 통조림이 총 39.8%로 여전히 1931년 이래 가장 많이 생산되었음을 알 수 있다. 1933년 수산물 통조림 제조에 있어서 특기할 만한 사항은 정어리 토마토 담금 통조림, 즉 토마토 사딘이 새롭게 등장한 것이다. 일제 식민지기 통조림의 종류로는 조미(調味) 통조림, 보일드 통조림, 토마토 사딘, 페퍼 사딘 등이 있었다. 이 중에서 대표적인 것은 당시 미국 캘리포니아 등지에서 제조되었던 토마토 사딘이다. 이것은 정어리에 토마토즙(tomato pulp)을 첨가하여 제조한 통조림으로서

외국향통조림
(출처: 『동아일보』 1939.09.13.)

1931년도부터 생산되기 시작했다. 토마토 사딘은 남양 등 해외로 수출되었기 때문에 조선총독부에서 생산 증대에 전력을 기울인 상품이었다.

1930년대 초 토마토 사딘의 생산이 본격화하고 있을 무렵 수출 유망품인 페퍼 사딘이 제조시험에 착수하였다. 페퍼 사딘은 토마토즙 대신에 고춧가루를 배합하여 만든 정어리 통조림이다. 이것을 시험생산하여 외국시장의 개척을 시도했는데, 외관상 빛깔이 선홍색으로서 미려할 뿐만 아니라 그 맛도 특별하여 반응이 좋았다. 1934년에는 토마토 사딘 통조림이 가장 많이 제조되었으며, 털게, 고등어, 소라 순으로 제조량이 많았다. 1936년에는 토마토 사딘이 처음으로 전체 수산 가공제조물 중 4.6%를 차지하며 유명세를 떨쳤으며, 김 통조림(김 간장조림 통조림)이 새롭게 등장하였다.

1937년에는 고등어 양념 통조림(さば味付)이 개시되면서 정어리 토마토 사딘, 정어리 양념 통조림 다음으로 많이 제조되었다. 반면 털게와 소라 통조림 제조량이 급격히 감소하였다. 1938년에는 전갱이 통조림이 새롭게 등장하였으며, 정어리 통조림 다음으로 많이 제조되었다. 1939년에는 고래 야채 통조림이 정어리 가공 통조림을 제치고 가장 많이 제조되었지만, 1940년에는 다시 정어리 가공 통조림이 선두를 차지하였다. 반면 고래 야채 통조림의 생산량은 1년 만에 97.3% 급감하였다. 1941년과 1942년에는 정어리 토

마토 사딘 · 정어리 양념 통조림을 제치고 고등어 양념 통조림이 가장 많이 제조되었다.

요컨대 1892년 전남 완도군 서사리에 한국 최초의 통조림공장이 건립된 이래 1928년까지 전복 통조림이 가장 많이 제조되면서 최장기간 통조림계의 왕좌를 차지하였다. 이후 털게, 정어리, 고등어 통조림이 해방 전까지 왕좌를 다투며 독보적인 생산량을 나타냈다.

통조림의 전파와 신문물의 유행

일제 식민지기 수산물 통조림 제조방식은 신문기사를 통해 엿볼 수 있다.

> 통조림 만드는 법을 간단히 말하겟습니다. (…) 생선은 잡은 채로 통에다 넣든지 또는 맛을 부처서 넣든지하는 두가지 종류가 잇습니다. 그것을 섭시 120도의 열기의 탈기관에 15분 가량 넣어둡니다. 그것을 꺼낼랴면 열 때문에 통속이 잇는 공기는 거의 다 없어저 버린 뒤입니다. 그 다음에는 꼭 뚜껑을 덮어서 외기(外氣)와는 전여 접촉하지 못하게하여 그것을 110도내지 15도 가량의 열을 가진 살균고에 1시간 20분 동안 넣어둡니다. 그러면 통속의 균은 거의 다 죽어버립니다. 또 꼭 뚜껑을 덮는 것이므로 밖으로부터 균이 들어갈 여지가 없습니다. 그러니 썩을 염려가 없어집니다. 다음에 통을 정하게 씻고 통에 녹이 쓸

지않게 "니ㅣ스"를 발르는 것입니다.(「통조림이야기(二)」, 『동아일보』, 1933.12.19.)

중소규모의 통조림 제조공장의 종업원은 대부분 조선인 여성이었다.* 10세 미만의 유년공도 있었다.** 일제 초기 통조림 제조방식은 위 신문기사의 내용과 같이 빈 캔을 일본에서 이송해 와 내용물을 채운 후에 간단한 압착기로 밀봉하는 정도였다. 통조림 제조기술이 수공업적 수준에 머물러 있었기 때문에 나이 어린 여성들이 고용되었을 것이다. 통조림공장의 여공들은 장시간 노동에 비해 턱없이 낮은 임금을 받았다. 이는 함경남도 홍원 전진궁본공장(前津宮本工場)의 통조림 여공 20명이 종일 16시간을 일하고 임금을 30전밖에 받지 못해 총파업을 단행했다***는 신문기사에 잘 나타난다.

『통계연보』에 따르면 1916년부터 수산물 통조림의 생산량이 급증하기 시작하였다. 이에 1920년대에는 조선의 가정에서 통조림을 손쉽게 이용하게 되었다. 그러나 제조기술의 부족으로 불량 통조림을 구분하는 방법에 대한 신문기사는 1940년대 초까지 끊임없이 게재되고 있다.

통에 봉한 음식을 살 때에 우선 먼저 거죽으로 보아서 조코 낫

* 河合和男 · 尹 明憲, 『植民地期の朝鮮工業』, 未来社, 1991.
** "咸南工場勞動者 六千八百名", 『동아일보』, 1934.11.16.
*** "통조림 女工 餘名盟罷", 『동아일보』, 1927.11.23.

븐 것을 알아보아야 합니다. 뚜껑쪽을 눌러보아서 굴덕굴덕하는 것이나 또는 외부로 불숙올라온 데가 잇는 것은 속에 든 것이 대개 상한 것이 만흡니다. 그러나 내부로 쑥 우그려저 드러간 것 가튼 것은 속의 ㅅ것에는 별탈이 업습니다.(「가정상식」, 『동아일보』, 1930.09.24.)

간편하게 휴대할 수 있고 위생적이며 장기간 보관할 수 있는 통조림이 시판되면서 모던보이 · 모던걸의 여가생활에 활용되기도 했다. 모던보이 · 모던걸은 피크닉이나 하이킹을 갈 때 통조림을 사서 갔다.* 등산하러 가서 텐트를 치고 통조림을 조리해 먹기도 했으며, 한여름 해수욕장에 가서 값비싼 해수욕복을 차려입고 통조림 요리를 즐기기도 했다.**

천막생활하러 갈때에는 어떠한 음식을 가지고 갈 필요가 잇는가 보통 일반의 천막생활에 위선 업서서는 안될 쌀 된장 간장으로부터 소스 소곰 설탕 식빵 장ㅁ찌 채소종류 통조림 자반생선 종류가 첫 종류이겟습니다.
그리고 천막생활할곳 근방에서 사지못할것으로 비위에 당기는 것을 가추어가지고 가는 것이 가장 령리한 일입니다.
또 기호품으로 홍차 커피 코코아 과자 담배와 가튼 것도 역시

---

* "통조림에도 상한 것잇다", 『조선일보』, 1936.05.14.

** "여름휴가를 엇더케 보낼가 (2) 게을러지기 쉬운 이때에 근실하라", 『조선일보』, 1929.07.14.

그 지방에 가서 구할수 업슬것으로 선택할 것입니다.

이러케 준비를 하드라도 최고한도까지 짐의 분량을 가볍게 하는 것이 찬막살이할 사람의 상식입니다.(「천막생활갈 때 지고갈 음식물 되도록 짐은 가볍게하라」, 『동아일보』, 1932.07.30.)

또한 통조림을 사용하는 주부를 '나가서 놀기만 하는지 부엌에 처박혀 있는 것을 싫어하는' 게으른 여성으로 비난하는 여론도 있었지만,* 1930년대 중반부터는 수산물 통조림을 활용한 요리법을 소개한 기사들이 눈에 띈다. 예를 들어 냉채를 하는데 전복 통조림을 썰어서 넣기도 했으며,** '관전자'라는 꿩 전골에 전복을 썰어 고명으로 올리기도 했다.*** 스크램블드에그에 털게 통조림을 넣어서 햄 · 야채류를 곁들여 아침 대용으로 먹는**** 서구식 식문화도 소개되었다. 한편 통조림 통은 단단하고 상하지 않아서 거지들이 문전걸식을 할 때 바가지 대신 차고 다니기도 했으며,***** 어린애들이 소꿉놀이 장난감으로 사용하기도 하였다.******

구한말 통조림은 일본 자본가들에 의해 바다를 건너와서 조선 여성들의 노동력의 착취 기반이 되기도 했지만, 모던보이 · 모던걸이 여가생활을 즐기고, 주부가 간편하게 요리에 활용하고, 또

---

* "통조림이야기(끝)", 『동아일보』, 1933.12.22.

** "가튼감을가지고도 별미를맨들도록", 『조선일보』, 1936.08.13.

*** "간단하게 해먹을수잇는 정월요리몇가지(上)", 『동아일보』, 1939.01.16.

**** "갑자기손님이왓을 때 준비할수잇는요리", 『동아일보』, 1939.12.21.

***** "門前乞食群 五萬四千名", 『동아일보』, 1931.12.03.

****** "아이들은 소꿉질에서 사회를 배운다", 『동아일보』, 1938.04.21.

한 장기간 보관이 용이하여 수산물의 수출이나 군수용품으로 다양하게 활용되었다. 통조림은 그야말로 근대에 탄생한 '만능 식품'이었다. (문혜진)

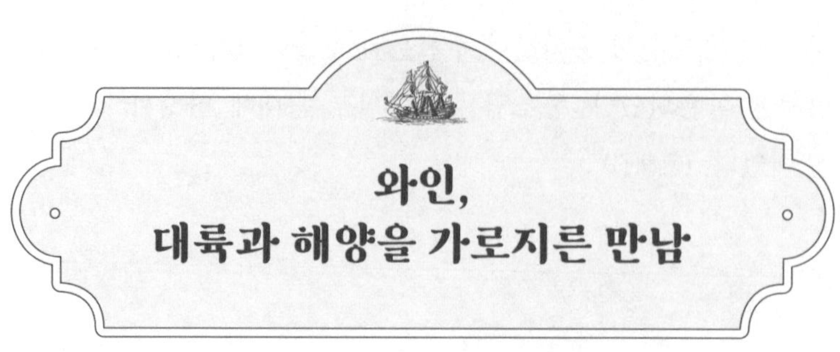

와인, 대륙과 해양을 가로지른 만남

"맑음. 대마도에 머물며 바람을 기다렸다. 오후에 잔치를 베풀었는데, 잔치에 갖춘 예가 아주 정성스러웠다. 포도주가 나왔는데 남만(南蠻)에서 온 것이라 한다."*

1636년 임진왜란 이후 네 번째 통신사가 일본열도를 향했다. 이 통신사의 부사(副使) 김세렴(金世濂, 1593~1646)이 남긴 일지 『해사록(海槎錄)』의 1636년 2월 18일 자 기록이 이렇다. 여기 나온 '포도

* "晴. 留馬島候風. 午後設享, 享禮極謹. 設葡萄酒, 言是南蠻所出." 원문은 한국고전번역원 한국고전종합DB에서 인용하되 글쓴이의 판단에 따라 표점을 손보았다.

변박(卞璞),
〈왜관도(倭館圖)〉(1783).
조선 동래부의 부산포와
왜관 그리고 쓰시마는 조일
서로의 관문이었다.
(출처: 국립중앙도서관)

주'를 '남만'이라는 말과 함께 읽으면 의미가 산다. 남만에서 온 포도주, 이 술이 곧 우리가 익히 아는 바로 그 '와인'이다.* 와인은 한반도를 살다 간 사람들과 이렇게도 만났다. 한반도와 일본열도의 징검다리는 쓰시마(對馬島)이다. 조선 후기 통신사 또한 동래부 부산포를 떠나, 쓰시마에서 일단 순풍을 기다렸다, 시모노세키(下關)로 건너갔다. 이윽고 육로를 걷고 또 걸어 드디어 에도(江戶)에 들어갔다. 쓰시마는 조일 두 나라만의 교차로가 아니다. 쓰시마는 태국[暹羅], 루손[呂宋], 오키나와[琉球], 마카오** 및 남중국해의 물길과도 잇닿아 있었다. 그래서 남만의 술, 와인이 쓰시마에도 있었고 쓰시마에 머문 조선 사람에게는 와인 한 잔쯤 맛볼 기회가 있었다. 일본인들은 태국, 루손, 남중국해 일대의 서양 세력은 물론, 이곳에서 일본으로 넘어온 서양 문물까지 통틀어 남만(南蠻)이라 일컬었다. 또는 포르투갈 사람을 콕 집어 가리키기도 한다. 원래 남만은 중국 남쪽 변방의 오랑캐를 일컫는 말이다. 하지만 일본에서는 이렇게 또 다른 뜻을 더했다. 오늘날에도 일본 사람들은 자신들 생각에(실제야 어떻든) 포르투갈에서 유래한 음식 또는 포르투갈 사람을 통해 들어온 조리 방식에다 '난반(南蛮)'이라는 말을 붙인다. 이제는 한국인에게도 익숙한 '치킨난반(チキン南蛮)'이 좋은 예다. 천하(天下)라는 국제 질서 속에서 살던 무렵, 와인의 길은 남쪽으로 이렇게 나 있었다. 그러나 이에 못잖게 북쪽으로도 와인의 길

* 한반도의 전통적인 포도주란, 포도의 맛과 향을 입힌 쌀 원료 발효주를 가리킨다. 원제국 시대를 살다 간 고려 사람들이 중앙아시아의 와인을 접했을 수도 있다. 하지만 그 실제를 밝힐 자료는 아직 부족하다.

** 중일 문헌에는 '阿媽', '阿媽港', '媽港', '澳門' 등으로 쓰였다.

이 나 있었다. 조선 후기, 남으로 에도를 오간 통신사가 있었다면, 북으로는 북경을 오간 연행사(燕行使)가 있었다.

"서양의 이른바 포도주는 빛이 맑고 푸르며, 맛이 왜주(倭酒, 일본술)와 같은데, 또한 훌륭하다고 한다."*

1777년 북경으로 향한 연행사의 부사 이갑(李柙, 1737~1795)이 이듬해까지 이어진 여정을 기록한 『연행기사(燕行記事)』의 부록 『문견잡기(聞見雜記)』에 나오는 한 구절이다. 기록자는 주워들은 것처럼 굴었지만, 이미 예수회 사제 마테오 리치[Matteo Ricci, 중국명 이마두(利瑪竇), 1552~1610]며 주세페 카스틸리오네[Giuseppe Castiglione, 중국명 낭세녕(郎世寧), 1688~1766] 등이 중국 중앙에서 왕성한 활동을 하고, 뚜렷한 자취를 남긴 뒤의 기록이다. 또한 북경의 천주당이, 조선으로 치면 왜관이나 다름없는 교류의 창구 노릇을 하고 있던 때의 기록이다. 필시 와인을 실제로 접하고도 저리 썼을 테다. 완물상지(玩物喪志), 아끼는 사물 또는 기호품에 정신이 팔려 군자다운 뜻을 잃음은 사대부의 흉이었다. 문체반정이라는 사상 검증 소동을 일으킨 조선 정조가 관능 표현에 솔직하고도 정직했던 또 다른 연행의 기록, 박지원(朴趾源, 1737~1805)의 『열하일기(熱河日記)』를 동시대 문체 타락, 문학 후퇴의 원흉으로 지목했음도 떠올리자. 정황으로 보면 연행사와 그 주변의 인물들도 와인

* "西洋國所謂葡萄酒, 色淸而綠. 味如倭酒而亦佳云." 96쪽 각주의 경우와 같다.

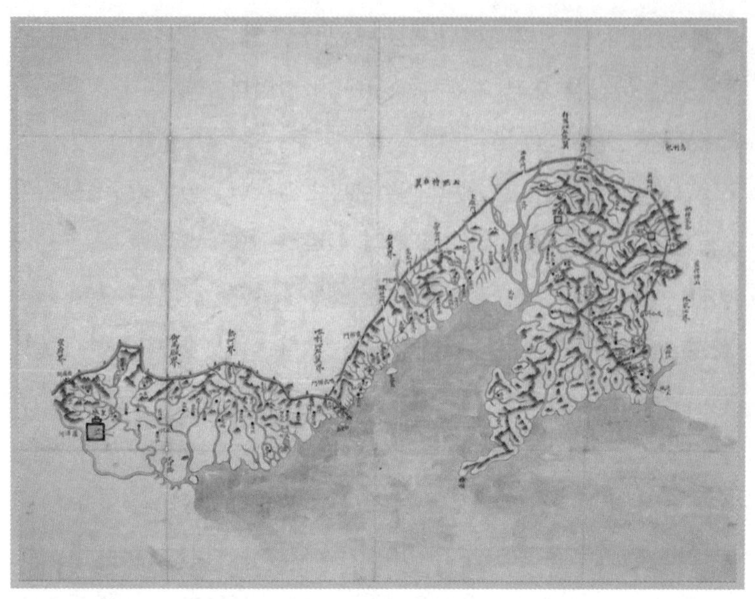

〈여지도(輿地圖)〉에 실려 있는 〈의주북경사행로(義州北京使行路)〉. 연행사는 압록강을 넘어, 이와 같은 길을 따라 북경에 이르렀다. (출처: 서울대학교 규장각한국학연구원)

과 만날 여지가 충분했다. 다만 적극적인 와인 기록, 와인에 잇닿은 관능 표현이 드물 뿐이다. 연행사가 만난 와인은 어떤 길로 왔을까? 아직 중국의 육로가 개방되기 전이다. 역시 바다 건너 동아시아로 오는 수밖에 없었다.

나간 덕분에 마시거나 들어온 덕분에 마시거나

이상은 조선 사람이 나가서 와인을 만난 이야기다. 그뿐만이 아니다. 와인은 한반도로 들어와 조선 사람과 만나기도 했다. 조선 효종 4년, 서기 1653년 8월 16일 네덜란드 동인도회사 소속 하멜(Hendrik Hamel) 일행이 제주에 표착한다. 이들은 여기가 북위 33°32′에 위치한 섬이고, 대만도 중국도 일본도 아니며, 지도에서 본 적 있는 '코레아(Corea)'의 어느 곳이라는 데까지는 알아냈다. 하지만 일행 가운데 조선 왕국을 아는 이는 아무도 없었다. 막막한 채로 두려움에 떨고 있는데 제주의 관리와 주민이 다가왔다. 하멜 일행은 이들의 환심을 사야 했다. 그래서 내놓은 것이 표착의 와중에도 간직했던 와인이었다. 긴 항해를 하는 배는 반드시 술을 실었다. 비상 식수 및 강장제 역할을 하기 때문이다. 그 귀한 물품을 제주 관민에게 답례품으로 내놓으며 환심을 사는 데 성공한다. 제주 사람들에게도 와인이 입에 맞았다.

> "우리들 중의 몇 사람은 군대의 지휘관*을 찾아갔고, 그 섬의 수사(水使)**도 우리에게 다가왔다. 우리는 그에게 망원경과 붉은 포도주, 그리고 바위틈에서 찾은 선장의 은컵을 선물했다. 그들은 특히 포도주를 좋아하며 멈추지 않고 마시면서 몹시 흥겨워했다. 그들은 우정의 표시로 그 은컵을 우리에게 되돌려 주었다."***

---

* 당시 대정현감 권극중(權克中).

** 당시 제주목사 노정(盧錠).

*** 헨드릭 하멜, 신복룡 옮김, 「하멜표류기」, 『하멜 표류기, 조선전, 조선서해탐사기』, 집문당, 1999; "핸드릭 하멜의 표류기(보고서)", http://www.hendrick-hamel.henny-savenije.pe.kr/hollandk5.htm

아란타선(阿蘭陀船)의 모습. 아란타는 네덜란드를 말한다.
이 그림은 에도에서 제작, 유통된(18~19세기 추정) 목판화이다. 비슷한 구도의, 비슷한 모습의 그림은 나가사키 등지에서도 흔히 유통되었다. (출처: 고베시립박물관)

한 세기를 지나서는 황당선(荒唐船), 이양선(異樣船)도 외국 술을 싣고 나타났다. 황당할 정도로 그 모습이나 움직임이 낯설어 황당선이고, 그 생김새가 조선의 배와는 전혀 딴판이어서 이양선이다. 예컨대 프랑스인 라페루즈(J. La Pérouse) 선장은 1787년 제주도 일대를 탐사한 뒤 서구인으로서는 역사상 처음으로 쓰시마해협을 통과해 울릉도 주변을 탐사하고 그 해도를 작성한다. 이때 참고한 정보가 바로 하멜이 남긴 조선 관련 기록과 지도였다. 영국이 뒤지겠는가. 영국 함선이 북경으로 가는 또 다른 길을 열 요량으로 황해를 통과한 때가 1739년이다. 조선 정조 21년, 서기 1797년에는 영국 해군 중령 브라우턴(William Robert Broughton) 함장이 이끈 프로비던스(Providence)호가 동해로 들어와 북태평양을 탐사한 뒤, 조선 동해안을 훑고 오늘날의 부산 앞바다까지 내려왔다. 이들은 항해를 계속하다 오키나와 해역에서 난파하는데, 난파한 김에 프로비던스의 부속선을 타고 다시 동래부 용당포에 와 닻을 내린다. 이들은 일주일이나 용당포 앞바다에 닻을 내린 채 이 지역 해도를 작성했다. 황당선, 이양선에 대한 기록은 일일이 나열하기 힘들 정도로 넘친다. 조선 순조 16년, 서기 1816년에는 이양선 선단이 백령도를 지나, 서천 마량진 앞바다에 나타났다. 맥스웰(Murray Maxwell) 함장이 이끈 알세스트(Alceste)호와 홀(Basil Hall) 함장이 이끈 리라(Lyra)호로 이루어진 선단이 마량진 앞바다에 닻을 내리자 마량진첨사 조대복(趙大福)과 비인현감 이승렬(李升烈)이 이들의 정체를 파악하기 위해 리라호에 승선한다.

"그는 우리와 같이 있으면서 차와 체리, 그리고 브랜디를 나누었으며 그러는 동안 그는 어느 모로 보나 편안해 보였다. (…) 이에 현감은 매우 만족하고는 가려고 일어섰다."*

조선 영해를 침범한 이들의 정체를 밝히기 위해 이양선에 오른 관리가 한잔 술에 너무 풀어졌다. 갈데없는 영해 침범 아닌가. 나포도 체포도 하지 못했고 저들의 정체를 파악하는 데도 실패했다. 조정도 화가 났다. 조정은 충청수사 이재홍(李載弘)의 장계를 통해 상황을 파악한 다음 날 바로 조대복과 이승렬을 파직해 버렸다.**

서세동점(西勢東漸)의 시대에

불안하기는 아시아, 동아시아가 다 마찬가지였다. 1854년 미국에 굴복한 일본은 미일화친조약을 맺는다.*** 청과 영국은 1840년

---

* 바실 홀, 신복룡 · 정성자 옮김, 「조선서해탐사기」, 『하멜 표류기, 조선전, 조선서해탐사기』, 집문당, 1999.(원서는 홀이 1818년 영국에서 출간한 『Account of a Voyage of Discovery to the West Coast of Corea, and the Great Loo-choo Island』이다. 이 책의 1/5쯤이 조선 관련 정보이다. 원서의 제목을 한국어로 옮기면 "조선 서해안과 대류큐 섬 탐사 항해기"쯤 될 것이다.)
https://archive.org/details/accountofvoyageo00hall

** 『승정원일기』 순조 16년 7월 20일 자 기사 참조. 이재홍의 장계는 「순조실록」 순조 16년 7월 19일 자에 실려 있다.

*** 1858년 미일수호통상조약이 체결됐다.

아편전쟁을 벌이더니 1842년 청이 굴복하면서 남경조약이 체결됐다. 이는 각각 일본과 청의 개항으로 이어졌다. 이러고도 성에 안 찬 열강은 영불 연합군을 결성해 청의 수도 북경을 점령해 약탈과 파괴를 저질렀다. 1862년에는 프랑스의 침략을 견디다 못한 베트남이 프랑스와 제1차 사이공조약을 맺고* 영토의 일부를 할양한다. 이러면서 프랑스는 메콩강 항행권을 얻는다. 조선은 일본에게 당한다. 1876년 일본의 겁박에 진 조선이 일본과 조일수호조규를 맺으면서 조선도 억지 문호개방에 이른다. 이윽고 조선은 세계 체제에 급속도로 빨려 들어갔다. 빨려 들어가다 못해 1910년에는 아예 나라가 망하고 일본제국의 일부가 되었다. 바로 이 무렵이다. 19세기 중엽에서 20세기 초에 이르는 시기에 유럽과 미국 사람들의 조선 견문기가 폭발하듯 쓰인다. 이들 견문기는 한결같이 조선 사람들이 서양 술에 완전히 감각을 개방했다는 식의 서술을 하고 있다. 가령 1868년 흥선대원군의 아버지 남연군의 묘를 도굴하려다 실패하고 돌아간 독일인 오페르트(Ernst Jacob Oppert)의 기록도 흥미롭다. 오페르트는 조선인의 외래 술 취향에 대해 "샴페인과 체리 브랜디를 선호하며 그 외에도 화이트 와인과 브랜디 및 기타 독주를 좋아한다"는 기록을 남긴 바 있다. 단 레드 와인은 떫은맛 때문에 별 인기가 없다는 소리도 남겼다.** 아래 기록도 이채롭다.

"하멜(H. Hamel)에서부터 최근의 미국인에 이르기까지 이곳을

* 1874년 제2차 사이공조약이 체결됐다.

** https://archive.org/details/aforbiddenlandv00oppegoog/page/n10/mode/2up

찾아온 많은 방문객들은 조선 사람들이 맥주에서부터 위스키에 이르기까지 온갖 독주(毒酒)를 모두 좋아한다는 사실이 무엇보다도 인상적으로 보였다. '조선 사람들은 바커스(Bacchus)에 대한 경배에 몹시 열중하고 있다'는 것이 중론이다. 조선어에는 그들이 조야한 방법으로 만든 곡주(穀酒)를 익히 알고 있다는 사실을 입증해주는 어휘가 많다. 반도의 주민들은 부여와 고구려 시대에도 술고래들이었다. 근대 조선이 상역(商易)의 문호를 개방하자마자 조선은 양조장을 세웠으며, 유럽의 과일주, 브랜디, 위스키, 진 등이 수입되어 조선 사람의 술맛을 바꾸어 놓았으며, 전국적으로 술 소비량을 늘렸다."*

그리피스(William Elliot Griffis)는 1882년 펴낸 『은자의 나라 한국(Corea, the hermit nation)』에서 개항 전후 바뀐 조선인의 술 취향을 위와 같이 묘사했다. 조선 사람이 술은 워낙 좋아했고, 새로 맛본 술에 완전히 적응했다는 것이다. 1902년 이전에 간행된 것으로 추정되는, 프랑스 외교관의 비망록에 따른 조선 이야기는 여성에게도 퍼진 샴페인, 와인 취향을 이렇게 전하고 있다.

"부인네들은 자기네들끼리만 서로 왕래하곤 하는데 이러한 방문은 가끔 새벽까지도 이어지는 모양이었다. 그들은 모여서 차

---

* W. E. 그리피스, 신복룡 옮김, 『은자의 나라 한국』, 집문당, 1999.(신복룡의 한국어판 번역은 1905년에 간행된 『Corea, the hermit nation』 제8판을 대본으로 했다.)

https://www.gutenberg.org/ebooks/67141

와 음료를 마시고 때로는 샴페인이나 다른 프랑스산 포도주까지 맛보곤 했다. 또 단 간식을 야금거리고 담배를 피우면서 자기들끼리 통용되는 아주 중요한 정보들을 속살거렸다. (…) 이러한 부인네들의 모임은 약간의 미묘한 차이가 있긴 하지만 유럽의 살롱에서 유행하고 있는 오후 5시 차와 간식을 드는 모임과 모든 면에서 흡사하다. 단 남자가 낄 수 없다는 점만 빼고."*

1880년대를 지나면서, 조선의 왕실과 고위 관리, 서울에 사는 부자들은 얼마든지 와인, 샴페인, 브랜디 따위를 누렸다. 당시 세관 문서는 레드 와인, 화인트 와인, 보르도 와인, 샴페인, 사이더, 맥주, 셰리, 브랜디, 위스키, 체리 코디얼, 베르무트, 진, 리큐르, 럼** 등의 물목을 기록하고 있다. 고종, 순종, 이토 히로부미, 하세가와 요시미치 또한 궁 안팎에서 어울리며 샴페인, 브랜디를 얼마든지 들이켰다.

조금 다른 만남

이런 가운데 적극적인 와인 관능 표현도 문헌에 남아 전한다.

---

* 끌라르 보티에 · 이뽀리트 프랑뎅, 김상희 · 김성언 옮김, 『프랑스 외교관이 본 개화기 조선(En Coree)』, 태학사, 2002.

** 〈조선국해관세칙(朝鮮國海關稅則)〉 참조.

老稼齋燕行日記
一行人馬渡江數
正使金昌集
軍官折衝金昌煒
軍官前府使金錫
軍官前郡守 卯貞章
打角進士金昌業
伴倘姜渭陽
奴子無得
德世
億孫
上騎馬一匹馬夫翰城驛子裵永萬
中騎馬三匹馬夫成歡驛子金水玄
松羅驛子鄭自了老味
金井驛子李鶴龍
載馬一匹馬夫銀溪驛子白龍元
書者肅川官奴孝石
馬頭宣川官奴俊元
引路瑞興官奴日尙
嘉山官奴再奉

이기지에게 북경의 안내자 왕사를 소개한 김창업(金昌業)이 남긴 『노가재연행일기(老稼齋燕行日記)』. 북경을 다녀온 지식인들은 연행에 참가한 인원의 세부부터 꼼꼼하게 기록했다. (출처: 한국학중앙연구원 장서각)

1720년 북경을 여행하고 이듬해 조선에 돌아온 이기지(李器之, 1690~1722)가 남긴 『일암연기(一菴燕記)』는 한국 와인의 역사, 동아시아 와인의 역사를 거론할 때 반드시 들여다보아야 할 소중한 문헌이다. 그의 발걸음부터 살펴보자. 1720년 조선 제19대 왕 숙종이 숨을 거둔다. 조선 조정은 숙종의 부고를 청에 알리기 위해 사절단을 꾸린다. 사절단의 단장인 정사(正使)에는 이이명(李頤命, 1658~1722), 부사에는 이조(李肇), 서장관에는 박성로(朴聖輅)가 임명된다. 정사 이이명은 이조판서에서 좌의정에 이르는 요직을 두루 거친 노론의 핵심 인물이자 이기지의 아버지*이다. 한편 이기지는 이미 1715년 식년시 장원 급제자이다. 양반가 자제가 거머쥘 수 있는 최고의 성취를 이룬, 남부러울 것 없는 인생이었다. 그런 그에게도 해외여행의 기회는 쉬이 잡을 수 없는 노릇이었다. 그는 어쩌면 난생처음이자 마지막으로 아버지에게 아쉬운 소리를 했을지도 모른다. 이기지는 비공식 수행원인 자제군관(子弟軍官)의 자격으로 아버지가 정사로 있는 사절단에 껴든다. 연로한 아버지에게 따로 수행원이 있어야 한다는 점은 좋은 구실이었다. 이미 이기지는 북경 여행 준비를 하고 있었다. 기회 닿는 대로 한강과 경기도와 충청도의 명승과 고적을 다닌 것 자체가 일종의 여행 훈련이었다. 먼저 청제국을 다녀온 선배들을 통해서는 중국에 관한 정보를 모았다. 1712년에 북경을 다녀와 그 견문을 『노가재연행록(老稼齋燕行録)』으로 남긴 김창업(金昌業, 1658~1721), 1685년에서 1717년에 사이에 네 차례나 북경을 다녀온 박필성(朴弼成, 1652~1747) 등이 이기지의 여행 정보통이었다.

북경 더하기 천주당

여정은 고달팠다. 1720년 7월 27일 서울을 출발한 일행은 길 떠난 지 51일 만인 9월 18일에 북경에 도착해 머물다, 11월 24일 귀

---

* 이이명의 아내, 이기지의 어머니 광산 김씨는 『서포만필』, 『사씨남정기』 등을 쓴 서인의 거물 김만중의 딸이다.

국길에 올라 이듬해인 1721년 1월 7일 서울로 돌아온다. 이기지는 길 떠날 당시 예순이 넘은 아버지를 모셔야 했다. 단 북경에 머무는 동안은 자유롭게 돌아다녔다. 이이명 또한 아들이 얼마든지 호기심을 만족시키기를 바랐다. 북경에 들어간 이기지가 가장 먼저 한 일은 현지 안내인 고용이었다. 김창업이 일러준 대로였다. 북경 주민 왕사(王四)는 김창업이 북경에 갔을 때에 안내인 노릇을 해준 바 있다. 이번에는 이기지가 고용한 것이다. 북경 다닐 준비를 마친 이기지는 9월 22일 북경의 천주당 가운데 남당*을 찾는다. 사연도 있었다. 1717년 북경을 방문한 뒤 독일 출신 예수회 사제 슈툼프[Kilian Stumpf, 기리안(紀理安)]와 교류한 박필성이 이이명 일행에게 슈툼프에게 전할 선물을 맡긴 것이다. 하지만 슈툼프는 그해 여름 사망한 뒤였다.** 이날은 슈툼프를 대신해 포르투갈 출신 예수회 사제 수아레스[Jose Soares, 소림(蘇霖)], 카르도소[Joao Francisco Cardoso, 맥대성(麥大成)], 그리고 벨기에 출신 예수회 사제 마갈렌스[Antoin de Magaihaens, 장안다(張安多)]가 일행을 맞았다. 이후 이기지와 이들을 비롯한 서양인 사이의 대화는 11월 24일 이기지가 북경을 떠나기까지 밑도 끝도 없이 이어졌다. 짧은 중국어와 깊은 한

* 당시에는 북경에 동당, 서당, 남당이 있었다. 북당은 아직 없을 때다.

** 슈툼프 신부는 1720년 7월 24일(양력) 사망했다. 그의 약전과 생몰연대는 Louis Pfister, *NOTICES BIOGRAPHIQUES ET BIBLIOGRAPHIQUES SUR LES JÉSUITES DE L'ANCIENNE MISSION DE CHINE 1552-1773*(Imprimerie de la Mission Catholique, 1932/1934) 및 이 책의 중국어판, 『在耶士列及目』(冯承钧 옮김, 中华书局, 1995) 참조.

문 필담으로 얼마든지 이야기는 이어졌다. 이기지도 천주당의 벽화, 천장화를 보고 놀랐다. 천리경과 자명종에 넋이 나갔다. 서양 그림과 알파벳과 아라비아숫자와 서양 서적은 최고의 관심사였다. 역법과 천문과 동서의 사상에 대한 토론은 웬만한 과학기술사며 철학사 및 문화사 지식이 없는 한, 오늘날 고등교육을 받은 한국인도 독해하기 힘들다. 이기지는 예의 바르게 문답을 이끌어갔다. 이기지를 맞은 북경 주재 예수회 선교사 또는 신부 또한 이 예의 바르고 호기심 가득한 먼 나라의 교양인이 마음에 들었다. 그래서 음식 대접까지 융숭해졌다. 이기지 또한 난생처음 간 곳에서 접한 난생처음 보는 먹을거리를 얼마든지 받아들였다.

솔직하고 정직하고 적극적인

1720년 9월 22일 이기지의 첫 남당 방문은 이기지의 남당 구경과 서로 간의 인사, 그리고 탐색전이 있었을 뿐이다. 며칠 지나 9월 27일에는 제대로 인원이 꾸려졌다. 이기지는 아예 정사인 아버지 이이명에다, 부사 이조, 서장관 박성로까지 동반해 남당으로 갔다. 이날 남당에는 이전에 만난 포르투갈 신부 셋 외에 독일 출신 예수회 사제 쾨글러[Ignatius Koegler, 대진현(戴進賢)]도 기다리고 있었다. 그러고는 조선인 사람들 앞에 신기하고 맛난 음식이 나왔다.

> "서양떡 30개를 내오는데 그 모양이 중박계와 비슷했다. 매우 부드럽고 달며 입안에 넣자마자 녹았다. 참으로 기이한 맛이었

다. 만드는 방법을 묻자 설탕에 계란, 밀가루 등을 섞어 만든다고 한다. 선왕(여기서는 숙종)이 말년에 입맛이 없어 색다른 맛을 찾자 어의 이시필(李時弼)이 말하길 '일찍이 연경에 갔을 때 심양장군 송주(松珠)의 병을 치료하면서 계란병을 먹어 보았는데 맛이 지극히 부드럽고 좋았습니다. 중국에서도 이것을 진귀한 음식으로 여깁니다'라고 했다. 이시필이 그 제조법에 따라 만들어 보자고 해서 내국에서 만들어는 보았는데 끝내 제대로 만들지는 못했다. 바로 이 음식이 그 서양떡이었던 것이다."*

조선 사람들이 식사를 하고 왔다며 밥상을 사양하자, 서양 사람들은 간식을 내왔다. 중박계란 유밀과의 일종이다. 그 모양이나 크기가 대략 오늘날의 휴대전화쯤 된다. 재료가 설탕, 계란, 밀가루이며 입안에서 바로 풀어질 정도로 포근하면서 부드럽고, "계란병"이라고 할 만큼 노란빛이 선명한 서양 과자라고 했으니 카스텔라 또는 스폰지케이크일 것이다. 이기지가 한입거리로 내온 계란병을 한 조각 해치우자, 사제들은 차를 내왔다. 이기지는 유럽 신사처럼 다시 차를 즐겼다. 신사다운 행동은 또 다른 환대를 낳았다. 사제들은 천주당의 더 깊은 데로 이기지를 안내했다.

---

* "出西洋餠三十立, 其狀類我國中薄桂, 而脆軟甘味, 入口卽消, 誠異味也. 問其方則, 以砂糖和鷄卵 · 麵末爲之. 先王末年, 厭食思異味, 御醫李時弼, 言曾赴燕時, 治瀋陽將軍松珠病, 以鷄卵餠食之, 而味極脆軟奇絶, 彼中亦以爲稀異之味云. 請依法造成, 內局造之而終不能善, 盖此物也." 이기지, 『일암일기(一菴燕記)』, 1720년 9월 27일 자. 『일암연기』(조융희 · 신익철 · 부유섭 옮김, 한국학중앙연구원, 2016)의 번역, 교감, 표점을 따름.

"소림과 대진현이 또 나를 한 방으로 이끌었다. 탁자에 수정병이 하나 있는데, 높이는 세 자쯤이고 보기에도 좋아 보이는 술이 담겨 있었다. 술을 따라 내게 권하는데 술맛이 감미로우면서도 상쾌하고 이채로운 향이 코를 찔렀다. 마시고 난 다음에는 그저 조금 취기가 오를 뿐이고 취하지는 않았다."*

이 구절이다. 조선 사람이 남긴, 확인되는 바 가장 오래된 와인 시음기라고 할 만한 기록이다. 더구나 한잔한 다음의 느낌까지 이렇게 써 남겼다.

18세기 조선 사람 와인을 마시다

10월 10일, 이기지는 다시 한번 융숭한 대접을 받는다. 서양 사탕, 산사편, 앵두, 배, 대추, 포도 들을 갖춘 상에 전에 먹던 것과 같은 계란병이 나왔다. 오스트리아 출신 예수회 선교사 프리델리[Xavier-Ehrenbert Fridelli, 비은(費隱)]도 처음 만났다. 둘은 금세 마음을 터놓았다. 프리델리는 이기지에게 차에 스폰지케이크를 적셔 먹는 법을 가르쳐 주었다. 이기지는 여기에도 금세 적응했다. 그러고는 서양 포도주가 나왔다.

---

* "蘇戴又引入一房. 卓上有水晶瓶, 高三尺許, 貯酒若空. 酌酒勸余, 其酒味甘而清爽, 異香逆鼻. 飲後但微醺, 而亦不醉."

> "또 서양 포도주 한 병을 내왔는데 색이 검붉고 풍미는 매우 향긋했으며 강렬하면서도 상쾌했다. 나는 본디 술을 마실 줄 모르는데 한잔을 다 마시고도 취하지 않았다. 그저 배 속이 따듯하고 조금 취기가 오를 뿐이었다."*

빛깔, 풍미, 촉감, 마시고 난 뒤의 감각까지, 간략하지만 눈으로 보고 입속에 넣고 목구멍으로 넘기는 일련의 동작과 느낌까지 아울렀으니 갖출 것은 다 갖춘 와인 시음기이다. 다만 맛있다, 없다가 아니라 이만큼 관능과 감각에 집중했다는 것은 상당히 마음에 들었다는 뜻이다. 이기지는 방문을 마치고 숙소로 돌아와서는 프리델리에게 와인을 부탁한다는 편지를 보냈다. 다음 날인 10월 11일, 프리델리는 과연 와인을 보내왔다. 이기지는 이 와인을 아버지와 함께 기분 좋게 나누어 마셨다. 이기지는 완전히 와인에 적응했다. 이기지는 서양 포도의 품종, 와인 제조법을 또 캐물었다. 서양인들은 서양 포도가 중국 포도보다 맛있다는 설명을 했고, 프리델리는 가을에 수확한 포도로 와인을 담그되 같은 분량의 증류주를 더해 1년을 숙성시킨다는 설명을 더했다. 그러고도 잘 상하지 않는다고 했다. 와인에 주정을 더해 보존 기간을 늘린 와인이라면? 이베리아의 명물 포트와인이다. 아, 이제 알겠다. 18세기 조선인 여행자 이기지가 마신 와인은 포트와인이었구나! 이 뒤로도 날을

* "又出西洋葡萄酒一鐘, 色紅黑, 味極芳烈清爽. 余本不飮, 而盡一鐘亦不醉, 腹中和泰微醺而已."

바꾸어가며 이기지와 서양인들은 이야기와 생각과 물건과 음식을 주고받았다. 와인과 계란병은 그때 가장 자주 오간 먹을거리였다.

10월 28일의 만찬

10월 28일에는 북경 천주당 가운데 서당에서 큰 회합이 있었다. 이날 이기지는 프랑스 출신 예수회 선교사 자르투[Pierre Jartoux, 두덕미(杜德美)]를 만나고 싶었다. 그러나 자르투는 와병 중이었다. 이 때문에 자르투 대신 부베[Joachium Bouvet, 백진(白晋)], 레지스[J. B. Rēgis, 뇌효사(雷孝思)], 토르테[Petrus V. du Torte, 탕상현(湯尙賢)], 당트르콜르[Francois-Xavier D'Entrecolles, 은홍서(殷弘緖), 1664~1741] 등 네 명의 프랑스 출신 예수회 선교사를 만나 역시 긴 대화를 나누고 음식을 나누었다. 이날도 떡 벌어지게 상이 차려졌고, 음식이 차례로 나왔다. 먼저 돼지, 양, 닭, 거위로 만든 탕이 나왔다. 한 음식에 두어 번 젓가락을 대면 시중 드는 아이가 다른 그릇을 내오는 식으로 대접이 이어졌다. 중간에 와인이 나왔고, 서양식 과자만도 네다섯 가지나 됐다. 거기에 계란병은 빠지지 않았다. 이어 물고기를 재료로 한 탕이 나오더니 양과 돼지의 뼈를 우린 탕이 이어졌다. 흰밥이 나오는 것이 식사의 마무리를 알리는 신호였다. 그러고도 혹시 몰라 통째 익힌 돼지와 거위를 도마에 올려 냈다. 역시 시중 드는 아이가 칼로 작은 조각을 내고 더 먹을지 기다렸다. 이기지는 차 몇 잔을 마시며 이 식사를 마무리했다. 그리고 이날 식사에서는 이전보다 자란 이기지의 와인 감수성이 돋보인다.

"또 포도주 세 잔을 내왔는데 저번에 마신 것보다 맛이 더 좋았다. 두 잔을 거푸 마셨지만 별로 취하는 줄도 몰랐다. 포도주는 입에 들어가서는 상쾌하고 목구멍을 넘어가면서는 훈훈한 기운이 올라와 그 맛을 무어라 형언할 수가 없었다. 경장옥액(瓊漿玉液)이라 해도, 생각건대 이보다 더 낫지는 못할 것이다."*

저번보다 낫다니. 몇 차례 와인을 접한 사이에 관능의 비교를 행하는 데 이르렀다. 입에 넣고, 목구멍 지나서의 관능까지 묘사하고 있다. 보다 섬세해진 관능 평가에 경장옥액(瓊漿玉液)이라는 표현까지 나왔다. 경장옥액과 같은 음료라면 사람의 관능 표현이 이루 다 그려낼 수 없는 좋은 풍미의 음료라는 말이겠다. 와인에 이만한 고전적인 찬사가 붙은 예는 다시 없을 것이다.

아쉬운 다음 이야기

조선 청년 이기지와 예수회 인사들의 관심이 다 맞아떨어지지는 않았다. 이기지는 새 학문과 문물에 대한 호기심이 컸고, 예수회 인사들은 백두산 동쪽의 지리 정보가 간절했다. 그런 가운데 이기지는 고답적인 천문학, 지리학 이야기에도 막힘이 없었다. 막

---

* "又進葡萄酒三鐘, 味勝前飮者. 余連飮二鐘, 而亦不醉. 入口爽然, 入喉薰然. 其味不可形言, 瓊漿玉液, 想無以加此矣."

힘없는 대화가 가능한 상대, 차려 내는 대로 잘 먹을뿐더러 나날이 그 미각이 섬세해지는 상대라면 누구에게든, 어디에서든 환영을 받을 수 있을 테다. 그렇다고 이기지가 마냥 먹고 마시고 떠드느라 온통 마음을 놓고 있었던 것은 아니다. 이기지는 머리를 굴릴 줄도 알았다. 예수회 인사들의 조선 지리 정탐이 선을 넘으면 "산동에서 조선까지 바닷길이 2천에서 3천 리" 하는 식으로, 빤한 답을 해 상황을 뭉갰다. 이렇게 지내던 이기지는 1721년 1월 7일 연행사 일행과 함께 귀국한다. 와인 이야기는 이것으로 끝이다. 그 뒤로, 조선 사람이 조선 문헌에 남긴 와인 이야기는 1876년 이후, 1880년대 이후를 기다려야 한다. 정말 남은 이야기가 없느냐고? 없다. 숙종, 경종, 영조에 이르도록 노론과 소론, 남인, 또 그 밖의 정치 세력들은 목숨을 걸고 정권을 다투었다. 노론의 영수 이이명은 정국이 급변함에 따라 귀국한 지 얼마 되지 않아 남해로 유배된다. 1722년에는 이기지마저 유배에 처해진다. 1722년에는 이이명 등이 경종을 죽이려 했다는 고변이 있었다. 결국 그해 이이명은 서울로 압송되다 사사(賜死)되었고, 이기지는 의금부에 투옥되었다가 옥사한다. 이들은 영조가 즉위된 다음에야 명예를 회복할 수 있었다. 유럽 지식인들과 얼마든지 과학과 철학을 논하고, 혼천의며 천리경이며 자명종을 모으고, 포트와인부터 카스텔라 또는 스폰지케이크의 관능에 솔직했던 멋쟁이의 생애는 그걸로 끝이었다. 『일암연기』 속 와인 시음기와 같은 멋진 관능 표현 또한 그것으로 끝이었다. **(고영)**

2부

바다를 건넌 문물들

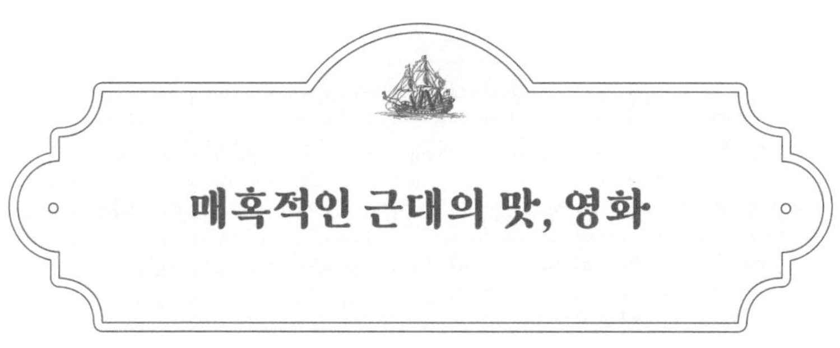

매혹적인 근대의 맛, 영화

21세기에 한국영화와 드라마가 세계 관객들을 사로잡고 있는 현상은 한국인에게 이미 익숙하다. 〈기생충〉이 2019년 칸국제영화제에서 황금종려상을 획득한 뒤, 2020년에 비영어권 영화로서는 최초로 미국 아카데미 작품상을 수상하고, 이듬해에 배우 윤여정이 아카데미 여우조연상을 수상하였으며, 〈오징어 게임〉이 미국에서 방영되는 드라마를 대상으로 하는 에미상에서도 수상했다. 칸영화제, 아카데미상, 골든글로브, 에미상 수상이 자주 있던 일인 것처럼 당연하게 받아들여지는 착시현상이 일어날 정도로 한국영화는 어느새 세계인이 사랑하는 콘텐츠가 되었다.

영화진흥위원회가 발표한 보고서에 따르면, 2022년 한국영화는 전 세계 극장시장에서 7위 수준이다. 한국영화는 미국, 중국, 일본,

영국, 프랑스, 인도 등 인구수를 기반으로 시장 자체가 크고, 수출도 많이 하는 영화강국들과 대등한 수준에서 경쟁하고 있다. 위 나라의 영화들은 오래전부터 세계 3대 영화제에서 단골로 수상하고, 아카데미 외국어영화상도 가지고 있었지만 한국영화는 그렇지 않았다. 그러나 21세기 들어 한국영화는 비약적으로 세계 영화 시장의 주류로 진입하였다.

2020년 이후 진행된 팬데믹으로 인해 시장의 질서가 흔들리며 한국의 영화산업은 위축되고, 대신 드라마와 대중음악을 중심으로 하는 문화콘텐츠 산업이 성장하고 있지만 내용적, 질적으로 한국 영화는 여전히 글로벌 팬들의 관심을 받고 있다. 새로운 한국영화나 배우들의 활동이 SNS를 타고 해외 팬들에게 실시간으로 전달되며, 세계 주요 영화제들은 한국영화를 라인업에 적극적으로 포함하여 새로운 경향의 한국영화를 자국에 전달하기 위해 애쓴다.

위와 같은 현상은 20세기 대중문화를 경험한 기성세대에게는 낯선 일이다. 1990년대 이전까지 젊은이들에게 '방화'라고 불리던 한국영화 대신 할리우드 영화나 프랑스 영화, 혹은 홍콩영화를 보는 것이 만족감을 더 충족시켜 주었고, 방화는 한 차원 낮은 것으로 여겨졌다. 1980년대 후반에 불어닥친 사회민주화는 한국 사회를 변화시키며 한국영화계도 질적 변화를 이루는 계기가 되었고, 1990년대 중후반에는 '코리언 뉴웨이브'라는 이름을 얻으며 한국영화가 세계로 나아가기 시작했다.

1987년에 강수연이 〈씨받이〉로 베니스국제영화제에서 깜짝 여우주연상을 수상한 이후, 2000년에 임권택 감독의 〈춘향뎐〉이 한국영화 사상 처음으로 칸국제영화제 경쟁 부문에 오르고 〈기생

제12909호 (제3종우편물(가)급인가) 경향

한국映畵 세계인정 기뻐요

베니스영화제 최우수 女優주연상 姜受延양

『선배들도 많은데 저에게 이 같은 영광이 돌아와 한편으로는 죄송하고 한편으로는 말할 수없이 가슴이 벅찹니다』

-9일 폐막된 이탈리아의 세계적인 권위의 베니스영화제에서「씨받이」로 최우수여우 주연상을 받아 일약 세계적인 스타가된 姜受延양(22)은 흥분을감추지못한다.

아역출신으로 13세때인 76년 李赫洙감독의 「핏줄」로 데뷔한 姜양은 「씨받이」부터 말괄량이 소녀티를 벗고 농염한 연기를 보여주기 시작했다.『역시 섹스신이 제일 어려웠다』는 姜양은 『아이낳는 진통장면에서 애를 제일 많이 먹었다』고 털어놓기도.

아시아 여배우로는 처음…"가슴이 벅차"

영화 「燕山君」「감자」「우리는 제네바로가고있다」등에겹치기 출연하며 가장 바쁜 여배우가 된 그녀는 『이번 수상을 계기로 한국영화가 세계적으로 인정받게된게 무엇보다기쁘다』고 말했다.

더우기 이영화제에서 아시아배우로서 주연상을 받은것이처음이라는사실이 꿈만같다는것.

姜양은 어른이된후 성적매력이 나이보다 10년쯤은 더 성숙된 것으로 영화제에서는 평가하고 있으며 육체파의 풍만감과 달리 강렬한 흡인력에 미묘한 백치미가 뒤섞인 妖女형으로 꼽히는 급성장주이다.

화면에서유난히 반짝이는 눈동자는 함초롬한 용모와 매치되어 앙증맞은 매력을 풍기는게 장점.

상업을 하는 姜기병씨(53)와 金玉子씨의 2남2녀중 차녀인 姜양은 학생탤런트로 東明女高를 나왔다. 이따금 가야금을만지는게 취미. 1m63cm의 키에 44kg의 깡마르고 앙팡진 몸매를 지녔다.

<金亮三기자>

베니스영화제 최우수 여우주연상 강수연 기사 (출처: 『경향신문』, 1987.9.10.)

충〉의 아카데미 석권과 〈오징어 게임〉의 세계적 대흥행까지 기나긴 여정에서 이제야 우리가 기대한 목표치에 다다른 것 같다. 세계 영화 흥행시장의 상위권을 형성하고, 수출도 활발하며, 세계 영화 팬들이 한국영화를 기다리는 2020년대인 현재에 와서 되돌아보면 유행에 민감한 한국이 서양에서 들어온 신문물인 영화를 어떻게 현지화했을까가 궁금해진다.

사실 한국은 자국영화 제작의 후발주자다. 한국인들이 영화를 사랑하고 이렇게나 잘 만드는데, 외국문물인 영화가 언제 한국에 당도했고, 언제 우리의 힘으로 영화를 만들기 시작했는지 궁금해진다.

움직이는 사진, 영화의 탄생

영화는 생일이 있다. 시, 무용, 음악, 그림, 조각 등 타 예술은 기원을 추정할 뿐 정확한 탄생 시기를 알지 못하지만, 오페라처럼 영화는 정확한 탄생 날짜가 있다. 1880년대 후반부터 영국의 머이브리지, 미국의 에디슨, 프랑스의 루이 르 프랭스 등을 필두로 호기심 많은 서양의 얼리 어댑터들은 정지된 사진을 움직이는 동영상으로 만드는 실험을 해왔다. 1891년경, 혼자 동영상을 들여다보는 1인 영사 장치인 키네토스코프를 만들었지만 큰 재미를 보지 못한 에디슨이 한숨 쉬어가던 와중, 프랑스 리옹에서 공장을 운영하던 오귀스트와 루이 뤼미에르 형제는 획기적인 기계를 만들어 영상을 찍기 시작했다. 그것은 바로 시네마토그래프라는 것으로 촬영과 영사가 가능한 기계이다.

20세기를 목전에 둔 1895년 12월 28일 어둠이 내린 저녁, 파리의 그랑카페에서 뤼미에르 형제는 시네마토그래프로 틈틈이 찍어온 단편영화 모음을 사람들에게 입장료를 받고 보여준다. 이 사건이 바로 영화 탄생의 순간이다. 움직이는 이미지에 매료된 사람들은 난생 처음 겪는 센세이셔널한 경험을 사람들에게 소문내었고, 뤼미에르 형제는 부와 인기를 누렸다. 영화 역사는 뤼미에르 형제를 '영화의 아버지'라고 기리지만, 아이러니하게도 경영자와 기술자인 두 형제는 영화가 일시적으로 유행하는 오락상품 정도로만 예측하고, 십여 년 영화를 찍은 후 다시 공장으로 돌아갔다.

영화가 일시적 유행이 아니라는 점은 이어서 나타난 걸출한 영화인들에 의해 입증되었다. 연극연출가 멜리에스는 움직이는 이미지에 스토리를 붙이고, 에디슨은 영화를 항시 촬영할 수 있도록 실내 스튜디오를 지어 본격적으로 영화 비즈니스를 시도하였다. 이는 불과 영화 탄생 후 5년 정도 만에 이루어졌는데, 이로써 영화는 기술을 기반으로 이야기가 가미된 예술상품으로서 하나의 산업을 형성하게 되었다.

1900년을 앞둔 세기말에 출연한 영화는 도시와 모더니티의 산물이다. 19세기에는 도시의 형성으로 대거 유입된 대중을 위한 문화로 신문, 카페, 박물관, 파노라마 등의 구경거리가 유행하고, 이러한 흐름 속에서 진기한 이미지와 서사의 연결이 가능한 영화라는 새로운 시각매체가 탄생하여 곧바로 영화는 오락산업의 꽃으로 부상했다.* 자본주의와 영화는 쌍두마차이다. 돈과 소비, 여가, 도시, 기계복제라는 자본주의 양식을 기반으로 영화는 대중을 아우르며 대중문화로서 형성될 수 있었다.

조선에 도래한 신문물 영화

프랑스에서 처음 선보인 영화는 이듬해인 1896년 2월, 도버해협을 넘어 영국 런던으로 가게 되고, 그해 5월에는 니콜라이 대제 대관식 촬영을 계기로 러시아에, 6월에는 뉴욕으로 건너갔다.** 이 진

---

* 정민아, 「식민지 조선의 도시적 삶과 〈청춘의 십자로〉(1934)」, 『현대영화연구』 7호, 2009, 60쪽.

** 김종원 · 정중헌, 『우리 영화 100년』, 현암사, 2001, 17쪽.

기한 구경거리는 전 유럽 나라들과 미국 대륙에 도착하였고, 영국을 통해 일본, 중국, 인도 등 아시아 나라들에도 당도하였다. 일본 제국의 식민지였지만 조선은 정치적, 경제적 한계 상황 속에서도 사회적, 문화적인 변화에 있어 세계사적 흐름과 함께했다. 자본주의 현대적 도시를 보며 게오르그 짐멜은 "대도시에 살고 있는 사람들의 상호관계는 귀보다는 눈의 사용에 훨씬 더 중점을 두는 것이 특징"*이라고 말했다. 기차에서 처음 만난 사람들이 몇 시간 동안 말하지 않은 채 서로를 쳐다보는, 이전에 없던 경험 그 자체가 근대성의 경험이다. 버스와 기차에서 익명의 사람들과 함께 꽤 오랜 시간을 함께 있는 경험, 창밖을 통해 스쳐 지나가는 풍경을 가만히 응시하는 경험, 이는 영화관의 경험과 유사하다.

아쉽게도 기록의 한계로 인해 조선에 정확하게 언제 영화가 처음 상영되었는지는 영화사학자들 사이에서도 의견이 분분하다. 1897년에 영화를 봤다는 심훈의 구술이 있으며, 1899년에 조선에서 영화를 영사했다는 버튼 홈즈의 기행문이 있다. 1903년 『황성신문』에 난 광고는 영화가 대중에게 소개되었다는 점을 알려주는 증거이다.

> "동문내 전기회사 기계창에서 시술(施術)하는 활동사진은 일요일 및 음우(陰雨)를 제한 외에는 매일 하오 8시로 10시까지 설행(設行)하는데 대한 및 구미 각 국의 생명 도시 각종 극장의

---

* 바네사 R. 슈와르츠, 노명우 · 박성우 역, 『구경꾼의 탄생』, 마티, 2006, 64쪽.

절승한 광경이 구비하외다. 허입(許入) 요금 동화 10전."*

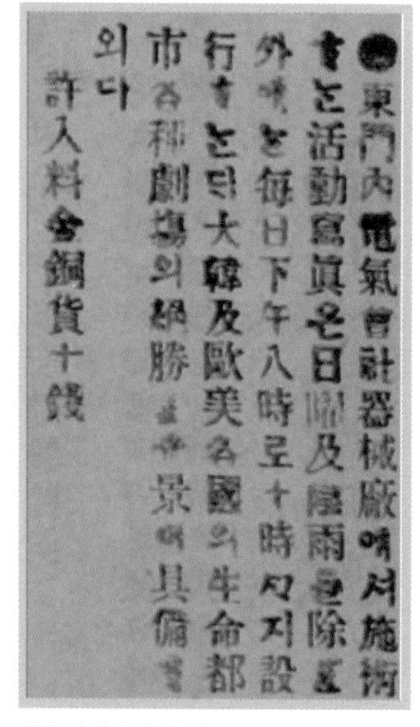
●東門內電氣會社器械廠에서施術
ᄒᆞᄂᆞᆫ活動寫眞은日曜及陰雨를除ᄒᆞᆫ
外에ᄂᆞᆫ每日下午八時로十時ᄭᆞ지設
行ᄒᆞᄂᆞᆫᄃᆡ大韓及歐美各國의生命都
市各種劇場의絶勝ᄒᆞᆫ光景이具備ᄒᆞ
외다
許入料金銅貨十錢

최초의 활동사진 광고
(출처: 『황성신문』, 1903.6.23.)

영화가 처음 들어올 때는 '활동사진'이라고 불렸고, 관객의 반응이 뜨거워서 구경꾼이 전차를 타고 몰려드는 바람에 매일 밤 거둬들인 수입액이 1백여 원에 이르렀다고 한다. 이와 같은 영화 도래의 통설에 대해 영화사학자 김종원은 "새로운 문명의 이기로 등장하여 열광적인 반응을 일으킨 영화가, 외국의 주요 도시에는 거의 1년 반 만에 보급된 것과 달리, 이웃 일본에 들여온 지 6년이나 넘어서 우리나라에 들여왔다는 것은 이해가 되지 않는다."**라고 쓴다. 그는 이어서 1897년 10월이면 영화가 우리나라에도 들어왔다고 주장하는데, 그 근거로 에스터 하우스가 쓴 『런던타임즈』 1897년 10월 19일 자 보도기사를 제시한다.

* 『황성신문』, 1903.6.23.

** 김종원 · 정중헌, 앞의 책, 19쪽.

"1897년 10월 상순경 조선의 북촌 진고개의 어느 허름한 중국인 바라크 한 개를 3일간 빌려서 가스를 사용하여 영사하였는데, 활동사진을 통해 비춰진 작품들은 모두 불란서 파테 회사의 단편들과 실사 등이 전부였다."*

1897년 도래설은 1896년에 이미 일본에 활동사진이 들어와 관객의 환호을 받으며 성황리에 상영되고 있다는 기록이 뒷받침되며 주장에 힘을 실어준다. 소설가이자 영화감독인 심훈은 "조선에 활동사진이라는 것이 맨 처음 수입되기는 1897년, 즉 지금으로부터 33년 전에 이현에 있었던 '본정좌'라는 조그만 송판쪽 바라크 속에서 일본인 거류민을 위해서 실사 몇 권을 가져다가 놀린 것으로 효시를 삼는다."**라고 썼다.

지금의 충무로에서 조선 관람객에게 무료로 영화를 보여줬다는 기록의 실체는 김종원의 책에 신문면이 인쇄되지 않아 확인할 수 없다. 심훈의 구술 또한 수십 년이 지난 일이라 정확한 연도인지 확신할 수 없다. 이에 대해 조희문은 기사의 실체를 확인할 수 없다는 이유를 들어 김종원의 1987년설 주장은 사실과 다르다고 말했다. 조희문은 "김종원이 인용한 1897년 당시 『런던타임즈』라는 제호의 신문은 존재하지 않으며, '에스터 하우스'는 인명이 아니라 1900년대 초반 서울에 세워진 서양식 호텔의 이름"이라고 주장했

---

* 『런던타임즈』, 1897.10.19., 위의 책, 20쪽에서 재인용.

** 심훈, "조선영화총관", 『조선일보』, 1929.1.1.

미국의 여행작가 엘리아스 버튼 홈즈가 1901년에 한국을 방문하여 촬영한 기록필름 중 한 장면으로 1917년 〈유일무이한 도시 서울(The Singular City of Seoul)〉의 가편집본으로 추정되며, 한국영상자료원이 보유 중인 J.H 모리스 컬렉션에 포함된 〈특이한 한국 문화(Queer Korean Customs)〉와 함께 1917년에 파라마운트사를 통해 공개된 버튼 홈즈의 한국 관계 영상 3편 중 하나로 추정된다. (출처: 한국영상자료원)

다.* 조희문은 미국인 여행가 엘리어스 버튼 홈즈가 1899년 한국을 여행했을 때 고종황제를 비롯한 황실 인사들 앞에서 영화를 상영한 것이 영화 최초의 도래라고 본다.

여러 가지 설들이 공존하는 가운데 분명한 것은 『황성신문』의 광고로 보아 1903년이면 조선에 영화 상영이 일상화되었다는 것이다. 일반인에게 입장료를 받고 영화를 상영하는 이벤트가 이미 있어왔다는 것이며, 이로 인해 1903년 이전에 조선에 영화가 이미 도래해 있었다는 것을 추측게 한다. 1897년 설에 고증 오류가 있다고

* 『씨네21』, 2003.5.30. http://m.cine21.com/news/view/?mag_id=19164

할지라도 김종원이 주장하는 사이클론은 설득력이 있다. "1895년 12월에 발명된 영화가 영국에는 1986년 2월, 러시아에는 그해 5월, 인도에는 그해 7월, 중국에는 8월, 일본에는 1897년 2월에 소개"* 가 되었으므로 일본, 중국과 빈번하게 교류했던 조선에도 비슷한 시기에 영화가 들어왔을 것이라는 가설에 무게가 실린다.

감상의 시대에서 창작의 시대로

1900년을 즈음하여 들어온 영화는 조선인에게 복잡한 심경으로 다가왔다. 주로 서구 도시 풍경을 담은 다큐멘터리와 단편 극영화가 상영되었는데, 조선인에게는 사진이 움직이는 것 자체만으로도 재미있고 진기한 구경거리였다. 외세 침략에 나라가 무너지는 상황에서 "활동사진이라고 불리운 이 문명의 괴물이 서울 장안 한복판에서 각광"** 받았고, 영화는 침략자 일본이 가져온 문물이지만 동시에 식민지 현실을 잊기 위한 수단이 되었다.

영화상영 전용 극장이 도시에 생겨나고, 외국영화를 관객이 이해하기 쉽게 소개하는 변사라는 직업이 신종 직업으로 인기를 얻자 최초의 대중문화 스타가 되어가면서 조선에도 영화문화가 점차 자리를 잡게 되었다. 경성 장안에 본격적인 활동사진 상설관은

---

* 강성률, 「억압과 질곡의 한국영화 약사」, 김시무 · 황혜진 외, 『영화입문』, 리토피아, 2005, 246쪽.

** 안종화, 『한국영화측면비사』, 현대미학사, 1998, 18쪽.

1910년부터 등장하였는데, 지금의 을지로 입구인 광금정에 경성고등연예관을 필두로 차차 상설 영화관이 생겨났다.* 당시 경성고등연예관에는 조선인과 일본인이 절반씩 관객층을 형성했는데, 서양인 권투선수와 일본인 유도선수가 겨루는 단편영화에서 조선관객은 서양선수를 응원하고 일본인은 유도선수를 응원하면서 관객 사이에 싸움이 번지기도 했다고 한다. 변사 퍼포먼스와 함께 이루어지던 조선의 영화 감상은 식민지 민중들이 효과적으로 결집할 수 있는 공간이며 이벤트였음을 알 수 있다.

서울 종로구에 위치한 단성사는 1907년 개관 이래 연극, 판소리, 전통연희 등을 공연하는 복합문화공간이었지만 1918년에 상설영화관으로 변모하였다. 목조 2층 건물인 단성사에서 남녀는 각기 아래층, 위층으로 분리되어 앉았다. 이 시기에 영화는 단순히 외국에서 들어온 하나의 기계적 발명품이 아니라 근대생활의 상징으로 이해되었다.

지식인들에게 영화는 식민지를 극복할 하나의 대안으로 보였다. 프랑스와 미국, 영국 등지에서 온 영화 속 사람들의 생활양태를 통해 서양식 인본주의의 가치를 읽게 되었고, 이는 일본적 근대를 넘어서는 실체적 방법론으로 다가왔다. 임화, 심훈 같은 지식인들이 영화에서 희망을 발견하였고, 영화제작의 시대가 되자 영화업에 본격적으로 투신함으로써 조선적인 것으로서의 영화, 민족문화로서의 영화 담론을 전개하고 실천하였다는 점에서 확인할

* 정종화, 「〈청춘의 십자로〉와 경성, 그 무성영화의 아우성」, 『영상자료원 KMDb』, 2008.5.3. https://www.kmdb.or.kr/story/119/2729

수 있다.

1897년 즈음이면 영화가 자국으로 들어와서 감상을 시작한 일본, 중국, 인도는 각각 1898년, 1905년, 1913년에 최초로 자국영화를 제작했다. 이와 비교할 때 최초의 한국영화는 시기적으로 다소 늦은 편이다. 1919년이 되어서야 완전한 극영화도 아닌, 연극의 한 요소로 삽입되는 연쇄극이라는 형식의 〈의리적 구토〉가 제작될 수 있었다. 약 20여 년간 감상의 시대를 보낸 후, 조선의 자본과 조선의 기술력, 인력에 의한 영화가 처음으로 만들어졌다.

> "조선의 활동 연쇄극이 없어서 항상 유감히 역이던 바 한번 신파 활동사진을 경성의 제일 좋은 명승지에서 박혀 흥행할 작정으로 본인이 5천원의 거액을 내어 본월 상순부터 경성 내 좋은 곳에서 촬영하고 오는 27일부터 본 단성사에서 봉절개관을 하고 대대적으로 상장하오니 우리 애활가 제씨는 한번 보실 만한 것이올시다."*

1919년 10월 27일에 조선영화 생산의 첫 장이 열렸다. 최초의 영화를 두고 학계에서는 논쟁이 이어졌지만 〈의리적 구토〉가 상영된 10월 27일은 영화의 날로 지정되어 영화인들은 이날을 기린다. 신극좌 대표 김도산이 단성사주 박승필의 적극적 지원 아래 〈의리적 구토〉를 만들어 단성사 무대에 올리자 구경꾼들이 "초저

* 『매일신보』, 1919.10.20.

녁부터 조수같이 밀려드는 대성황"*에 힘입어 한 달 동안 장기 공연을 하였다.

한국 최초의 영화를 만든 단성사주 박승필(좌)과 신극좌 대표 김도산(우)
(출처: 한국영상자료원)

당시 쌀 도수 한 말에 80전 내외하던 시절에 제작비 5천 원은 극장을 전면 보수하는 비용에 맞먹었다. 1권 분량의 1,000피트 길이의 필름에 이와 같은 거금을 투자한다는 것은 흥행업자의 계산으로는 상식적이지 않다. 그럼에도 영화를 제작했다는 것은 서구영화나 일본영화를 상영해야 했던 극장주와 제작자가 영화를 우리 손으로 만들어야 한다는 의기투합을 했음을 상상해볼 수 있다. 1919년이라는 숫자가 이를 말해주는데, 3.1만세 운동이 삼천리 방방곡곡을 뒤흔들었던 바로 그해라는 점에서 조선의 독립과 민족문화로서의 영화의 관계를 고민한 선각자들의 의지를 자연스럽게 떠올리게 된다.

〈의리적 구토〉에는 한강철교, 장춘단, 노량진공원, 청량리, 뚝섬 등 서울 시내의 볼 만한 풍경은 물론 기차, 전차, 자동차 등을 이용하여 찍은 활극 연기 장면이 들어간다. 제작 박승필, 감독과 주연 김도산, 촬영과 편집 미야카와 소우노스케, 배역진에는 이경환, 윤화, 여장 남배우인 김영덕 등이 이름을 올렸다. 같은 날 박승필 제작의 기록영화 〈경성 전시의 권〉이 함께 공개되어 최초의 영화 논

* 앞의 글.

쟁이 영화학계에서 여전히 존재하지만 우리의 손으로 연기를 촬영기 필름에 담아낸 최초의 산물이라는 점에서 한국영화 제작의 기점이 1919년 10월 27일인 점은 명확하다.

〈의리적 구토〉는 경성에서 로케이션 촬영되었고, 조선인의 자본과 연출, 조선인 배우가 출연한 작품이라는 점이 흥행 포인트였다. 계모에게 정의의 칼을 뽑아 드는 주인공에 환호한 관객은 근대의식으로 무장한 개화된 주인공에게 동일화하고 봉건의 상징인 계모를 비난하며 극을 감상했다. 권선징악을 주제로 한 활극 신파극인 〈의리적 구토〉의 인기가 대단했음을 당대 기록을 통해 알 수 있지만 아쉬운 점은 이 필름이 현재 남아 있지 않다는 점이다. 최초로 조선인이 손수 영화를 만들어서 영화 흥행 자본을 형성하기 시작한 이 중요한 영화가 소실된 것은 민족적으로 큰 손실이다. 필리핀의 영화사학자 닉 데오캄포는 식민시기 잃어버린 아시아영화들의 행방을 물으면서 이 사라짐을 "문화적 집단 학살"이라고 부른다.* 〈의리적 구토〉를 둘러싼 사건은 식민지, 근대, 젠더, 문화적 기억 등이 경합하는 역사적 저장소이다.

20년의 감상의 시대에서 본격적인 창작의 시대로 넘어간 1920년대에는 고전소설을 영화화하며 영화에 익숙하지 않은 조선 민중을 대거 극장으로 끌어들이기 위해 애썼다. 〈춘향전〉(1923), 〈심청전〉(1925), 〈놀부흥부전〉(1925)과 같은 영화가 초창기 조선영화 시대를 주도하고 있던 상황에서 1926년이 되면 조선영화의 새로운 희망이 등장하며 반전을 꾀했다. 그것은 바로 나운규 감독의

---

* 김소영, 『근대의 원초경』, 현실문화, 2010, 25쪽.

〈아리랑〉이다.

내셔널 시네마와 리얼리즘 영화의 유산

통속적이고 신파적인 감상에 젖어 있던 조선영화계에 혜성처럼 등장하여 충격파를 던진 영화 〈아리랑〉은 조선인의 일체감을 일깨워주며 대중문화로서의 영화적 힘을 보여준 일대 사건이다. 〈아리랑〉은 제작, 감독, 시나리오, 주연, 편집을 나운규가 겸하며 제작면이나 내용적으로 조선인의 모든 것을 보여준 완성형의 퀄리티 시네마였다. 정신이상자 영진이 친일지주 앞잡이를 죽이는 스토리는 식민지 조선인의 쌓인 울분을 극장에서 해소하도록 해주었다. 이 영화 역시 필름이 남아 있지 않아 기록에서만 확인할 수 있지만, 러시아의 최신 몽타주 이론을 가져와서 환상적 수법으로 영진의 정신상태를 표현한 점은 당대 영화적 표현 영역을 뛰어넘은 것이다.

나운규 감독 〈아리랑〉의 한 장면
(출처: 한국영상자료원)

〈아리랑〉으로 다시금 활력을 되찾은 조선영화계는 1930년대로 넘어가며 이규환 감독의 〈임자 없는 나룻배〉(1932)의 등장으로 또 한 번 저력을 보여주었다. 서울에서 살 수 없어 강가 나루터에서 노를 저으며 살아가는 춘삼이 근대문물인 다리가 놓이면서 실직하게 된다는 설정과 철도기사가 딸을 욕보이려 해서 사생결단을 낸다는 내용으로 이루어져 있다. 영화는 일제강점기라는 비극적 상황과 동시에 근대 문명이 전통의 생업을 파괴한다는 근대성에 대한 회의감을 표출한다.

〈아리랑〉과 〈임자 없는 나룻배〉 두 영화는 한국영화의 뿌리와 정신이 되었다. 1940년대 친일영화 제작이라는 고통의 시대가 찾아오지만, 1950년대와 60년대에 걸쳐 한국영화 부흥기를 일구며 〈자유부인〉(1956), 〈하녀〉(1960), 〈오발탄〉(1961) 같은 한국영화사 걸작이 만들어졌다. 사회를 비판적으로 투영하는 리얼리즘 정신이 한국영화의 기둥을 형성하며 일제강점기에서부터 지금까지 내려오고 있다.

한국영화는 현재 세계적으로 가장 환영받는 내셔널 시네마 중 하나이다. 길고 긴 어둠의 시절을 통과하였으며 고난의 한국현대사에서 한국영화는 기특하게도 살아남았다. 영화는 식민지 시기에 한국 땅에 들어와 전쟁과 냉전, 산업화와 민주화 시기를 거치며 역동적으로 발전하여 한국영화만의 정체성과 로컬리티를 구축해 나가고 있다. 오랫동안 한국영화를 보고 만들며 소중하게 지켜온 관객과 영화인의 힘이 한국영화의 현재 영광을 이룬 결정적 요인이다. (정민아)

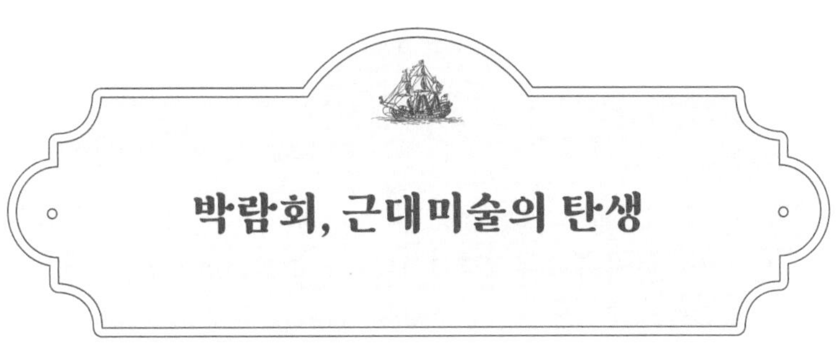

박람회, 근대미술의 탄생

우리는 미술은 잘 몰라도 '미술'이라는 말에는 익숙하다. 학교 교과과정에도 미술과목이 있고 해외여행을 가도 어디든 미술관이 있으니 싫든 좋든 미술이라는 단어가 머릿속에 있는 건 분명하다. 한발 더 나아가 미술은 전 세계 어디든 다 있는 세계 공통의 조형 언어 같은 것으로 이해된다. 그림은 어느 나라에나 다 있으니 말이다. 예컨대 서점에서 미술 부분 책을 살펴보거나 인터넷 서점에서 미술을 검색해보면 '서양미술', '동양미술', '한국미술'과 같이 국가별로 구분된 미술책들을 흔하게 발견할 수 있다. 대학의 미술 관련 과목 역시 서양미술사, 동양미술사 등이 개설되어 있음을 쉽게 발견할 수 있다. 이러한 사례를 언급하지 않더라도 우리에게 미술은 그 접근성에 어려움이 있을지언정 그 말 자체는 매우 자연스럽게 쓰이고 있는 일종의 세계 공통의 무엇으로 자리 잡고 있다.

BTS의 RM이 미술관을 투어하고 이를 SNS에 업로드하면서 일반인들이 미술관이나 갤러리에 점차 익숙해지고 있는 것도 현실이다. 국립현대미술관 서울관은 이제 20대 연인의 필수 관람코스가 되고 있다고 하니 미술작품을 보는 것이 하나의 독특한 문화적 경험으로 이해되는 세상이다. 그런데 이렇게 우리 일상에 자연스레 스며든 이 미술이라는 말이 우리나라에서 쓰이기 시작한 게 불과 100여 년 전이라는 사실을 아는 사람은 별로 없다. 왜냐하면 우리나라에도 미술에 해당하는 그림과 조각이 존재하기 때문이다. 성격은 좀 달라 보여도 서예, 문인화, 불상 등 한국만의 미술이 있으니까. 그런데 조선시대까지 그림은 도화(圖畫)로, 글씨는 서(書)로, 불상은 그저 불상(佛像)으로 불렸다. 이것을 한데 묶는 말인 미술은 조선시대에는 존재하지 않았다. 그렇다면 어떤 경로로 미술이 우리나라에 들어왔을까.

미술의 탄생

확인 가능한 공식 매체에 '미술'이라는 말이 처음 사용된 건 『대한매일신문』의 「만국신문」(1905년 9월 2일) 코너다. 여기에는 "애급(埃及)의 미술(美術) 중 가히 칭도(稱道)할 자(者)는 건축물이니……."라는 문구가 등장한다. 지금의 말로 하면 "이집트의 미술 중 가장 칭찬할 것은 건축물이니…"정도가 될 텐데 흥미롭게도 건축을 포함한 미술개념이 등장하는 것이다. 물론 기사의 뒷부분에는 조각과 회화가 등장한다. 1921년 『창조』 9호(1921년 6월)에 실린 김찬영의 「작품에 대한 평자적 가치」라는 글에는 흥미로운 구절이 하나 등장한다. "나의 직업이 미술이란 말을 들은 순사군(巡査君)은 크게 '술(術)' 자에 의심을 품고 순사군이 가로되 '미술은 요술의 유(類)인줄 알거니와 그러한 것을 배우려고 유학을 하였나.'라고 하니 나는 몸에 소름이 끼쳤다." 김찬영은 당시 순사가 미술을 요술의 일종으로 이해했다는 것과 겨우 그걸 배우려 유학까지 갔다 왔냐고 비아냥거리는 이야기를 듣고 충격을 받았던 것이다. 이러한 문헌에 따르면 당시 미술은 건축을 포함해 회화, 조각을 아우르는 개념이었고, 딱히 대단한 무엇이 아니라 아름다운 것을 다루는 일종의 기술에 불과한 것으로 여기고 있었다고 추측할 수 있다.

그런데 조선시대에는 건축은 건축이고 그림은 그림이고 조각은 조각이었다. 이것이 하나의 개념, 즉 미술로 엮이는 일이 없었는데, 이 중 예술로 그나마 대접을 받은 것이 그림이었다. 우리가 잘 아는 조선시대의 화가 김홍도의 직업은 궁중의 도화서(圖畫署) 화원(畫員)이었다. 궁의 공식적인 조직 중 하나인 도화서에서 그림을 그리는 임무를 받아 일을 했다. 물론 김홍도는 다른 화원과는 달리 워낙 천재적인 역량이 있어 특별대우를 받았다고는 하나 어쨌든 그의 직업은 그림을 그리는 자, 즉 화원(畫員)이었다. 이를 통해 우리는 조선시대에는 그림이라는 이미지를 통틀어 도화(圖畫)라고 불렀음을 알 수 있다. 1910년대가 되면 서예와 그림을 묶어 서화(書畫)라는 단어가 미술과 뒤섞여 관계자들을 중심으로 사용되기 시작한다. 예컨대 '경성서화미술원'이 1911년에 설립되는데, 이 단체는 우리나라의 최초의 근대적 미술기관이라 할 수 있다. 1912년에는 '조선서화미술회'가 설립되고 좀 더 통합적인 조직으로서 '서화협회'가 1918년에 설립된다. 이러한 과정을 거쳐 1922년이 되면 조선총독부가 조선의 미술을 제도적으로 관리하기 위해 '조선미술전람회'를 1922년 설립하게 되는데 이것이 한국근대미술의 역사에서 중요했던 '대한민국미술전람회'의 전신이기도 하다. 여기에 대해서는 나중에 다시 살펴보고 이어서 이 미술이 개념 차원이 아니라 실물로서 바다를 건너 한국 땅에 들어오게 된 과정을 살펴보고자 한다.

박람회와 미술

최근 부산시는 중앙정부와 함께 2030년 세계엑스포 개최를 위해 사활을 걸고 노력 중이다. 도대체 2030 세계엑스포가 뭐길래 이렇게 애를 쓰는지 의문이 들 수도 있는데 이 엑스포라는 것이 생각보다 역사가 깊은 행사이고 특히 2030 세계엑스포는 '등록박람회'로, 꽤 까다로운 조건으로 개최되는 초대형 행사다. 엑스포라는 명칭을 공식적으로 쓰기 전에는 보통 '만국박람회', '세계박람회'로 불렸는데 현대적 의미의 종합박람회는 1851년 런던박람회를 시작으로 뉴욕, 파리, 시카고 그리고 1979년 오사카박람회가 유명하다. 이러한 세계박람회 수준은 아니지만 우리나라도 박람회의 시작이 100년은 거슬러 올라간다.

공식적인 우리나라 최초의 박람회는 '경성박람회'다. 경성박람회는 1907년 9월 1일부터 11월 15일까지 대동구락부(大同俱樂部)를 비롯한 경성 구리개(銅峴) 일대에서 개최되었다. 이 행사는 당시 일본이 주도하였는데, 한국통감부가 계획하고 총무장관 쓰루하라 사다키치(鶴原定吉)가 회장으로 추진한 박람회다. 이 박람회는 대한제국의 경제에 일본 자본이 들어오는 본격적인 계기가 되었다.

조선총독부는 1915년 경복궁에서 '조선물산공진회(朝鮮物産共進會)'라는 이름의 대규모 박람회를 개최하는데 이 행사를 개최한다는 이유로 경복궁 내의 수많은 전각을 없애버렸다. 당시 일제는 조선을 강제병합한 후 식민지배의 정당성을 대내외적으로 알릴 필요가 있었는데, 이러한 박람회가 그 역할을 톡톡히 수행했다. 박람회는 기본적으로 전시회의 성격이 강하기 때문에 미술품 전시 비중이 꽤 높았다. 조선물산공진회 역시 단독 건물로 미술관을 지어 근대 문명을 상징하는 다양한 물품과 천여 점이 넘는 고대와 근대 미술품을 같이 전시하였다. 그 결과, 처음으로 동양화, 서양화, 조각의 장르 개념이 등장하고 이를 미술로 이해하는 계기가 되었다. 박람회가 끝난 다음에 이 건물은 조선총독부 박물관으로 바뀌어 조선의 역사를 시각화하는 역할을 수행했다.

조선미술전람회, 미술의 새로운 쓰임새

1921년 12월 21일 동아일보에 '미술전람회'에 대한 기사가 실렸다. 이 기사에 따르면 조선총독부는 조선미술의 발달을 목적으로 일본 동경의 '제국미술전람회'를 모방해 매년 1회 미술전람회를 개최할 방침을 세웠다. 그리고 그다음 해인 1922년 식민지 조선의 미술을 제도적으로 관리한다는 명분으로 '조선미술전람회'가 개최되었다. 전람회는 1부 동양화, 2부 서양화/조각, 3부 서예/사군자로 구성되었는데 1932년부터는 3부 서예와 사군자를 제외하고 공예부를 신설하게 된다. 다른 이야기지만 조선미술전람회에서 서예와 사군자가 제외된 것이 이후 한국근대미술의 역사에서 서예와 사군자가 사라진 결정적인 원인이 되었다.

조선미술전람회는 각 부별로 입선과 특선을 구별하여 전시를 열었는데 심사에는 조선인이 동양화부와 서예, 사군자에 한해 일부 참가하기도 했으나, 1927년부터 전원 일본인이 심사하는 방식으로 바뀌게 된다. 이렇다 보니 조선미술전람회에서 입선을 하기 위해서는 일본인의 입맛에 맞는 작품을 제작할 수밖에 없었다. 그 결과 동양화에서는 일본화의 소재와 내용이 도입되고 서양화와 조각은 일본이 해석한 서양화와 조각풍만이 살아남을 수 있었다. 일제강점기 한국근대미술이 전통과 단절하고 서양의 아류적 성격을 띠게 된 건 바로 이러한 조선미술전람회의 영향이 매우 컸다고 봐도 무방할 것이다. 당시로서는 조선미술전람회가 미술계의 유일한 성장 통로였기에, 이러한 흐름에 반하는 미술을 생산하는 것은 상당히 어려운 일이었다. 일본은 이렇듯 미술조차도 자국의 입맛에 맞는 경향을 당시 조선에 정착시키는 데 상당한 공을 들였다는 것을 조선미술전람회를 통해 알 수 있다.

문제는 미술의 형식적 측면에서만 일본의 입맛에 맞추어 조선미술전람회가 움직인 것은 아니라는 점이다. 1920년대 이후 서양화단에서는 조선미술전람회를 통해 시가지나 도시경관, 동네 뒷골목을 비롯해 생활주변의 경관을 다룬 작품이 다수 출품되기 시작한다. 작가들은 새로 건축된 서구식 건물들을 우리가 추구해야 할 근대문명으로, 기존의 낡은 주거지를 극복해야 할 우리의 열등함으로 재현했다. 이러한 재현방식은 사실 조선미술전람회를 통한 조선총독부의 은밀한 문화정책의 결실이기도 하다. 앞서 잠시 언급했지만, 당시 조선미술전람회 서양화부 입선작의 80%는 조선에 거주하던 일본인들의 작품이었기에 조선미전을 통해 전파된 미술의 화풍은 일본의 것을 반영하고 있을 수밖에 없었다. 미술 형식의 입장에서 그것은 19세기 후반 프랑스 인상주의 회화의 전형과 근대 일본 외광파의 영향일 테지만, 사회사적 관점에서 그것은 근대화라는 명목으로 조선을 식민화하려는 일본 문화정치의 결과였다.

예컨대 다카오카 가이치로의 〈우후의 부락〉(1924)과 이토 부유의 〈노대〉(1924)는 구(舊)조선의 미개하고 낙후된 이미지(캔버스의 구성을 보면 원래 우리네 삶의 터전은 어둡고 무질서한 그래서 지저분한 이미지로 재현되어 있다.)와 총독부 정치로 개조된 신흥조선의 번화함(밝은 색감과 질서정연하게 재현된 신축 건물의 이미지는 세련되고 깔끔한 느낌을 자아낸다.)을 보여준다. 또한 그 이후 출품된 손일봉의 〈신부청사〉(1927)는 경성부 신청사와 낡은 뒷골목 경관을 대비함으로써 새롭고 좋은 것은 일본(서양), 지저분하고 없애야 하는 것은 조선이라는 생각을 자연스레 전파하고 있다. 이런 예를 통해 추측 가능한 것은 당시 도시경관을 재현한 미술은 근대화의 긍정성을 바탕으로 일본화단의 영향을 수용하여 의식적이든 무의식적이든 식

손일봉 〈신부청사〉(1927년 제6회 조선미전 출품)

다카오카 가이치로 〈우후의 부락〉(1924년 제3회 조선미전 출품)

이토 부유 〈노대〉(1924년 제3회 조선미전 출품)

민화에 의한 신흥조선의 건설을 장밋빛 세계로 해석하고 있다는 점이다.

새로운 매체 실험과 야외 퍼포먼스

한국전쟁이 끝난 1950년대는 폐허가 된 사회를 재건하는 데 모든 사회가 역량을 쏟는 시기였다. 예술인들은 예술을 통한 사회의 재건이라는 사명감을 가지고 새로운 예술을 한국사회에 정착시키려고 애썼다. 그러나 그 과정이 순탄치는 않았다. 1950년대와 60년대 초까지 대한민국미술대전이 유일하게 한국미술 발표의 장으로서 역할을 수행했다. 일명 국전이라 불린 대한민국미술대전은 그 제도에 찬성을 하든 비판을 하든, 항상 미술계의 중심에 자리 잡고 있었다. 하지만 모든 권력은 역사의 뒤안길로 사라지듯 국전의 힘도 새로운 미술의 등장과 함께 점차 그 영향력을 잃어갔다. 그렇지만 미술은 여전히 캔버스에 무언가를 그리는 행위로 여겨지던 시기였다. 풍경을 그리든, 인물을 그리든, 무엇인지 알 수 없는 추상을 그리든 일단 캔버스에 물감을 사용해 그림을 그리는 것이 곧 미술로 이해되던 때였다.

그런데 1967년 《한국청년작가연립전》이 개최되면서 전혀 새로운 미술이 등장하게 된다. 이 전시에는 '무동인', '오리진', '신전동인' 이렇게 세 개의 그룹이 참여했는데, '오리진'은 얌전한 캔버스에 물감을 사용한 작품을, '무동인'은 난로연통, 성냥갑과 연탄, 고무장갑이 들어 있는 변기나 철사 뭉치 등의 재료를 사용한 작품을, '신전동인'은 다양한 오브제들과 공간이 만나는 또 다른 작품을 선보였다.

특히 전시 당일 실행된 〈가두시위〉는 매우 특별한 사건으로 기록되어 있다. 1967년 12월 11일 오전 서울 태평로 거리에서 피켓 행진을 하며 가두시위를 벌였는데 여기에 등장한 피켓의 내용이 무척 흥미롭다. 대표적인 내용을 살펴보면 다음과 같다. "행동하는 화가", "추상미술 이후의 작품", "생활 속의 작품", "대중과 친할 수 있는 현대미술", "국가발전은 적극적인 예술의 진흥책에서", "현대미술관 없는 한국", "4억 원의 도박 국립종합박물관" 등 당시 미술계 내부의 문제와 자신들이 지향하는 내용이 피켓의 글로 등장했다. 특히 강국진 작가는 오른손에는 "행동하는 작가" 왼손에는 "좌상파 국전"이라는 내용의 피켓을 들고 행진했다. 당시 경향신문은

《한국청년작가연립전》 〈가두시위〉 중의 강국진 (맨 왼쪽, 장갑을 끼고 두 개의 피켓을 들었다), 1967.12.11.

이에 대해서 참여 작가들 특히 '무동인'과 '신전동인' 구성원들이 "욕구불만을 호소하고 현실을 비판하다가 경찰에 연행"되었다고 기사화했다. 그러면서 당시 전시와 가두 시위를 "현실참여", "저항" 등으로 규정했다.

1968년 10월 17일 오후 4시 제2한강교 밑에서는 또 다른 퍼포먼스가 시행되었다. 기록으로 남아 있는 퍼포먼스의 제목은 〈한강변의 타살〉이다. 〈한강변의 타살〉은 강국진, 정강자, 정찬승 스스로가 주인공으로 등장하는 퍼포먼스였다. 현장에는 물동이 세 통, 삽 세 자루, 물 권총 아홉 개, 빨강, 파랑, 노랑 색비닐 3장, 휘발유 한 되, 흰 페인트 한 통, 연필 두 다스, 종이 30장이 있었다. 세 명의 퍼포머들은 각자 자신이 들어갈 구덩이를 파고 색비닐로 몸을 감은 채 구덩이에 들어갔다. 현장에 있던 사람들이 그들에게 물을 쏟아부었다. 온몸이 젖은 그들은 구덩이 밖으로 나왔고, 서로에게 '문화 사기꾼'(사이비 작가), '문화 실명자'(문화 공포증자), '문화 기피자'(관념론자), '문화 부정축재자'(사이비 대가), '문화 보따리 장수'

강국진, 정찬승, 정강자, 〈한강변의 타살〉, 1968.10.17. 한강 다리 밑, 오후 4시

(정치 작가), '문화 곡예사'(시대 편승자)라고 쓰고, 그것을 읽고 태우고 매장했다.

〈한강변의 타살〉은 그 이전의 어떤 퍼포먼스보다 사회 비판적으로, 파격적인 행위로 해석된다. 한강변이라는 야외 장소에서 자신의 신체를 직접 땅에 묻고 현장의 관람객들의 행위에 의해 물세례를 받는 것 자체가 형식의 파격을 추구했으며, 서로의 신체에 문제적인 문화꾼들을 기술하는 방식에서 퍼포먼스의 주체와 대상이 구분되지 않는 경계 무너뜨리기를 시도하고 있다고 볼 수 있다.

1970년 8월 15일에는 좀 더 과격한 〈기성문화예술인의 장례식〉이란 가두행진 퍼포먼스가 시행됐다. 참여 작가들은 광복 25주년을 맞아 사직공원 율곡 이이 선생 동상 앞에서 한국문화의 독립을 선언하고 기성문화예술과 그릇된 기존 체제의 장례식을 치르겠다는 선언문을 낭독했다. 정강자는 제4집단의 주장인 '무체사상(無體思想)'과 순화 화합을 뜻하는 백기와 태극기를 들고, 김구림은 백기를 들었다. 정찬승과 손일광은 생화와 태극기로 장식한 흰 관을 들었는데 이 관 안에는 선언문과 모래가 들어 있었다. 강국진은 이들에 이어 삽을 들고 따라갔다. 〈기성문화예술의 장례식〉은 〈한강변의 타살〉보다 훨씬 더 사회 비판적인 퍼포먼스였다. 기존의 문화예술계에 대한 비판과 함께 기존 체제에 대한 문제의식도 과감하게 밝히고 있다.

이것이 가능했던 건 이 퍼포먼스를 수행한 제4집단이 인간의 총체적인 문제에 대해서 관심을 가지고 이를 해결하기 위한 자신들만의 철학을 견지하고 있었기 때문이다. 예컨대 제4집단의 선언문 첫 구절을 보면 "우리는 역사적 사명으로 이 땅에 태어났기에 잘못 형성된 모류를 타파하고 정신과 육체의 분리에서 오는 모든 모순을 종식시키며 인간으로부터 인간으로 가는 새 인간 문화를 형성하려는 것이다"라고 명시하고 있다. 또한 "무체의 원리로서 모든 예술을 통합시키며 정치, 경제, 사회, 문학, 과학, 종교 등 각 분야에 직접 참여로서 일체의 체계를 이룬다."고 선언하고 있다. 심지어 강령에서는 "우리는 인간을 본연으로 해방한다"라고 언급함으로써, 문화예술 영역 내에서 예술인의 부조리가 아닌 사회 전반의 구조 내에서 인간의 해방을 고민하는 총체적 문제의식을 제4집단이 공유하고 있었음을 알 수 있다.

물론 김구림은 반체제적인 사상을 폭력적 시위로까지 확대시킬 의도를 가지고 있지는 않았지만, 그룹 내 연극 계열인 극단 에저또의 몇몇 발언이 반정부적으로 해석돼 경찰의 감시를 받다가 결국은 해체되고 말았다. 생각해보면 1971년 〈국가보위에 관한 특별조치법〉이 제정되고 1972년 유신헌법이 확정되는 시기였으니, 사회

전반에 대한 문화예술적 발언도 반정부 발언으로 오인되기 쉬운 상황이었다. 2023년 8월 국립현대미술관 서울관의 초대로 개인전을 개최하고 있는 김구림 작가를 생각하면 1970년대 그의 활동은 참으로 격세지감이다.

서구 미술의 유산 비엔날레, 한국에 정착하다

비엔날레(Biennale)는 2년마다 열리는 대규모 전시회를 가리킨다. '비엔날레'는 '2년에 한 번씩'이라는 뜻의 이탈리아어로, 1895년에 시작돼 지금까지 이어지고 있는 베니스비엔날레가 가장 유명하다. 비엔날레는 전 세계 최신의 미술 경향을 소개하고 미술을 통한 새로운 화두를 던져 사회적 영향력을 행사하고 있다. 사실 비엔날레는 미술계의 박람회라 해도 과언이 아닌데, 서구 미술을 중심으로 세계 미술을 선보이는 방식을 띠고 있기 때문이다. 이제 비엔날레는 전 세계 대부분의 나라에서 개최하는 미술행사로 자리 잡고 있는데 우리나라의 경우 광주비엔날레가 가장 오랜 역사를 가지고 있고 부산비엔날레가 그 뒤를 잇는다.

글의 마지막에 이르러 비엔날레를 언급하는 이유는 박람회를 통해 한국에 상륙한 미술이 100년이 지나 비엔날레로 본격화되고 있기 때문이다. 비엔날레를 비롯해 최근의 미술을 가리켜 현대미술도 아닌 동시대미술이라고 말하는데 여기에는 동일한 시간대를 공유하고 있다는 뜻도 있지만 과거와는 다른 새로운 미술의 등장이라는 의미도 담겨 있다. 앞서 살펴본 것처럼 미술은 단순히 그림

2017년 베니스비엔날레 독일관 전시실 전경

을 그리는 수준을 넘어서 개념을 생산하고 화두를 던져 사회적 의제를 제시하는 영역으로 확장되었다. 장르적인 면에서도 전통적인 회화, 조각의 영역을 벗어나 영상, 설치, 뉴미디어, 무용, 음악 등 다양한 장르가 혼재된 형태로 시각화되고 있다. 그러다 보니 비엔날레를 비롯해 현대미술관에 전시된 작품을 보고서 '이것도 미술인가?'라는 의문이 드는 경우가 종종 발생한다. 예컨대 2017년 베니스비엔날레 황금사자상은 독일이 받았는데, 당시 작품은 전시 현장에 작품이라고 할 수 있는 것은 하나도 없이 무용수들이 특정한 시간에 특정한 미션을 받아 즉흥적인 움직임을 표현하는 퍼포먼스였다. 2019년 베니스비엔날레 황금사자장 역시 리투아니아관의 퍼포먼스가 거머쥐었는데, 이 퍼포먼스 역시 전시실에 모래사장을 만들고 사람들이 그곳에서 각자의 방식으로 휴식을 취하고 있는 내용이었다.

100년 전 서예와 도화가 미술로 전환하면서 겪었던 변화의 바람이 100년이 지난 지금은 더 과격한 확장과 변형의 과정을 겪으며 새로운 미술로 변모하고 있다. 그런데 이 변화의 동력은 여전히 서구미술문화에 근거하고 있다. 과연 우리는 언제쯤 우리가 주도하는 방식으로 미술의 변화를 실현할 수 있을까. (김재환)

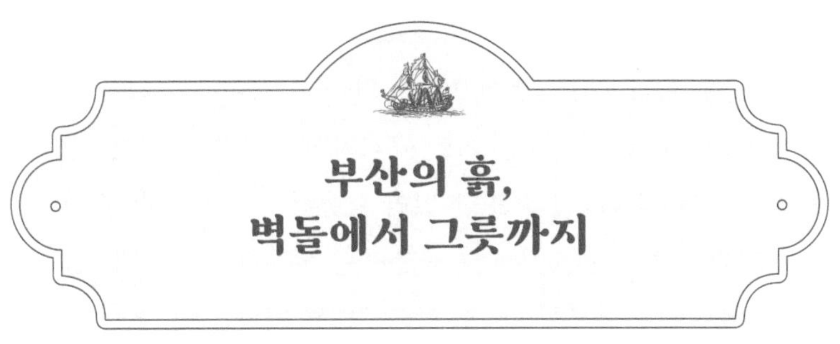

흙과 기술자

흙은 인간이 땅을 밟고 있는 모든 곳에 존재한다. 때로는 무엇을 가꾸는 토양으로서 존재하지만 도구로서 활용되기도 한다. 특히 라이프스타일 중 구축의 과정에서 흙은 중요한 자원이다. 만들고, 쌓고, 굽는 과정에서 인간의 삶과 밀접하게 연결되어 있다. 서로의 풍토성에 맞는 벽돌과 세라믹은 지역의 특징에 따라 지속적으로 발전되어 왔다. 예를 들면 고대 이집트 테베무덤벽화의 그림처럼 운반, 손기술에 대한 그림과 더불어 규격화를 통한 기하학적 건축의 축조가 가능하였다. 가로, 세로, 높이가 4:2:1 비율로 이집트의 건축은 완성되어 갔다. 그리스는 소성벽돌의 탄생으로 내구성, 지속성 그리고 내수성까지 확보할 수 있었다. 중국은 어떠한가? 중국은 이미 420×200×100mm의 벽돌 사이즈를 완성하였으며 로마는 400×200×100mm로 규격화하여 구축을 위한 재료의 물성을 완성하였다. 한국 또한 널리 활용하지 않았지만 벽전이라는 일정한 규격의 단위부재를 적층하는 독특한 구축방법으로 무덤과 벽탑, 홍예, 궁륭형식으로 삼국시대를 거쳐 고려, 조선시대까지 활용하고 있었다. 가장 대표적인 사례가 아마도 수원화성일 것이다.

이 글이 이러한 지역적 풍토에 의해 구축되는 고대 사례를 부산에 빗대어 이야기하는 것은 아니다. 이러한 지역성을 기반으로 쓰임새가 결정되는 시대를 넘어 이를 표준화시키고 보편화시킨 시대. 바로 근대의 건축적 구법과 재료에 대한 이야기를 시작해보려고 한다. 초기의 도제적 상황을 벗어나 제조되는 과정에서 나타난 모습과 이를 기반으로 부산이라는 항구도시에 존재했던 건축과 관련된 구축 시스템을 찾고자 한다. 또한 이를 기반으로 구축된 대표적인 건축물을 통해 벽돌과 세라믹이라는 재료의 특징을 소개하고자 한다.

근대벽돌의 탄생

근대벽돌이 도시를 이미지를 바꾸다.

우리나라에 벽돌건축이 도입되었던 시기는 1881년으로 보고 있다. 당시 영선사 김윤식이 청국 무기 제조공장인 번창사(1883.

번창사(1884)의 벽돌색깔

명동성당(1898)의 벽돌색깔

05~1884. 05)를 건립하기 위해 청국에서 벽돌 재료 수입과 기술자를 초빙한 것이 시작이었다. 번창사*는 검은색 벽돌로 벽체를 쌓고 붉은 벽돌로 띠를 두른 뒤 지붕은 기와지붕을 올린 형식이다. 이후 1884년 인천조계조약을 체결하면서 청국인과 서구인의 거류지가 설정되고, 조계로 외국인의 거주지뿐만 아니라 무역을 위해 일정 경계 내에 설치된 공간이 형성됨에 따라 조적조 건축물이 들어서게 된다. 그 대표적인 건축물이 바로 세창양행사택(1884), 대불호텔(1888), 러시아공사관(1885) 등인데, 각국의 스타일로 인천과 서울 중심으로 건축물이 세워지게 된다. 또한 초기 청국의 벽돌이 한반도 전역에 파급된 계기는 1889년 청국인 토목 청부업자 길성에 의해서이다. 당시 길성은 벽돌형성기를 들여와 서구식 벽돌을 제조하면서 전국으로 재료를 파급할 수 있었으며, 대부분 서구식 학교, 종교건축 중심으로 벽돌건축이 보급되기 시작하였다. 그 대표적인 건축물이 배재학당(1887), 부산의 일신여학교(1895)이

* 번창사는 현재 서울 삼청동 금융연수원 안에 있는 서울시 무형문화재 제51호로 지정되어 있다.

다. 당시 벽돌은 흙으로 굽는 기술, 즉 소성기술을 유지하는 기술이 발달하지 못해 검은색을 띠고 강도도 높지 않아 그 수요가 크지 않았다. 그러나 이러한 소성기술의 문제점을 해결한 것이 바로 1898년 명동성당이다. 설계와 시공책임자를 맡은 코스트(Eugene Joan George Coste) 신부는 당시 한국에 양옥건축기술자가 없어 청국에서 벽돌공, 미장, 목수 기술자들을 초빙하여 20종의 벽돌을 쌓아 성당을 완성하였다. 명동성당을 계기로 벽돌의 물성에 안정화뿐만 아니라 벽돌 기술자의 탄생도 함께 이루어진다. 그 인물이 김요왕이다. 그는 한강통 연화소에서 벽돌을 만들었는데 한국의 다갈색 점토를 사용, 20여 종의 벽돌 모형 틀을 제작하여 흑회색과 붉은색이 섞인 벽돌을 동시에 생산이 가능하게 하였다. 특히 붉은 벽돌을 제조하는 과정에서 정련기술을 습득하여 보급하는 역할까지 담당하였다.

부산에 등장한 벽돌공장 시대

명동성당을 계기로 국내에는 벽돌 보급화 과정이 빠르게 진행되었다. 1902년과 1904년에 일본인들에 의해 6개의 생산 공장이 설립되었으며 1905년 5개, 1906년 11개, 1908년 5개의 공장이 신설되는 등 1910년까지 경기도를 중심으로 벽돌공장이 급증하게 되었다. 1910년대는 특히 벽돌공장의 신설과 일본인들이 연화공업을 본격적으로 진출한 시기로서 당시 국내 벽돌공장의 분포를 살펴보면 경기 지역이 51.5%, 경남 18.18%, 함경도 15.15%, 그 외 경북과 전라도가 각각 3.03%를 차지하고 있다. 이는 개항장 중심으로 서양식 건축물이 구축과 연관성이 있으며 인천, 부산, 원산을

벽돌공장 분포도(1910)

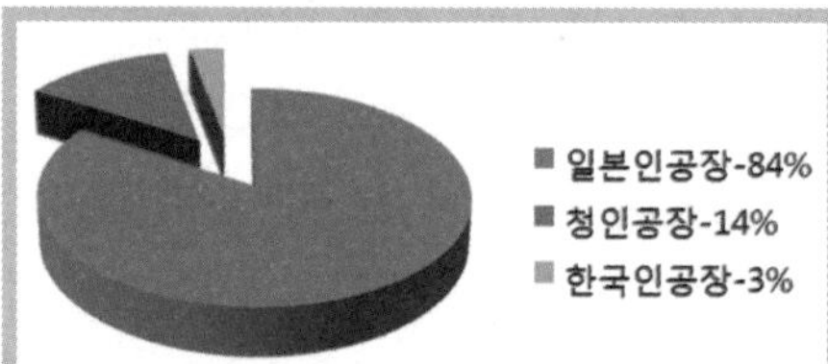

벽돌공장 운영자(1910)

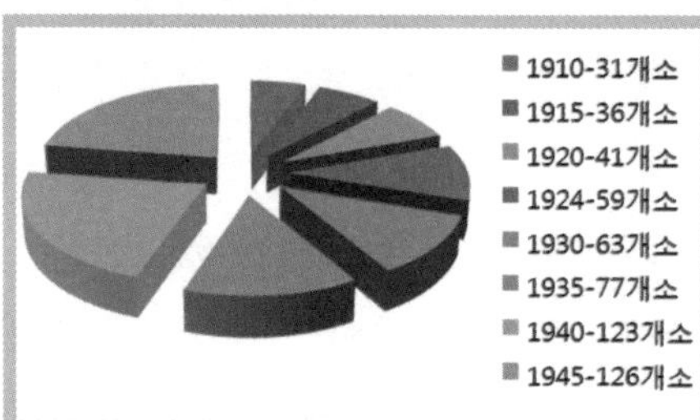

벽돌공업의 발전(1910~1945)

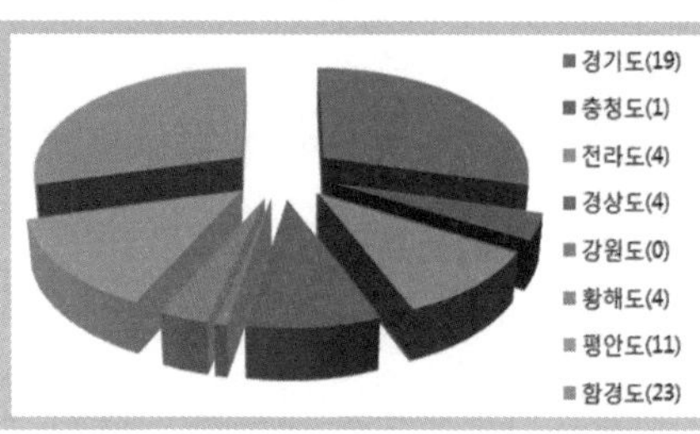

지역별 분포도(1940)

중심으로 벽돌의 수요가 높았던 것으로 판단된다. 또한 대부분이 일본인 공장이었으나 일부 청인과 한국인 이름의 공장이 있는 것으로 보아 벽돌의 건축적 수요를 빠르게 예측하여 제조과정에 참여하였음을 확인할 수 있었다. 이후 1915년 벽돌공장은 36개소로 증가하고 연간 벽돌 생산량이 14,180,000장 정도로 당시 1개 공장당 평균 394,000여 장을 생산한 것으로 추정한다. 1924년에는 18개 공장이 신설되어 총 59개 공장이 전국에 분포하게 되고 한국인 자본 공장수도 약 5개 정도 늘어나게 된다. 1935년에는 77개 공장으로 늘어나게 되었으며 1936년 생산량 1억 장을 돌파, 1938년 2억 장, 1939년 3억 장으로 공장 수의 증가와 더불어 연간 생산량도 함께 증가하게 되었다. 그리고 1940년 말에는 123개로 급증하여 벽돌 생산의 전성기를 맞게 된다.

반면 부산은 어떠한가? 부산지역은 1904년부터 1940년대까지 총 10개소의 벽돌공장이 존재하였다. 지역 분포로는 영도지역이 벽돌공장의 중심지로 성장하였으며 대부분 일본인들이 공장을 운영하였다. 부산의 영선동에서 1904년에 설립된 마루끼연와공장은 직원 수 42명, 생산량은 700,000장 생산액은 18,000원이라고 구체적으로 기록되어 있다. 그 외 입화연와제조공장(1905), 안등연와제조공장(1905), 동강연와제조소(1906), 하내연와공장(1908), 판야토관공장(1917), 삼호상회공업부(1940) 총 7개 공장이 영도 영선동과 절영도에 위치하고 있었다. 왜 영도지역에 벽돌공장이 세워진 것일까? 아직 영도대교(1934)도 건립되지 않아 배로 이동하는 불편함이 있음에도 말이다. 생각해보면 벽돌공장의 기본적이 조건이 영도에는 있었던 것 같다. 바로 이 조건은 흙, 기술자, 물류이다. 아마도 영도는 이 세 가지 조건을 갖추고 있었을 것이며 따라서 자연스럽게 벽돌공장 유입이 가능했던 것으로 추정된다. 그 밖에는 감만동, 전포동, 남천동 지역에 벽돌공장이 세워진 것을 확인할 수 있었다. 그리고 전포동에 세워진 부산요업주식회사(1920)는 직원 수가 116명, 생산량도 1,226,700장으로 약 790평 규모로서 부산의 대표적인 벽돌공장으로 추정되고 있다.

부산지역 벽돌공장 분포 연혁

공장명	창립년	소재지	생산규모(1924)				
			면적	자본	직원	생산량	생산액
마루끼연와 공장	1904.04	부산 영선동	99	30,000	42	700,000	18,000
입화연와 제조공장	1905.04	부산 절영도					
안등연와 제조공장	1905.08	부산 절영도					
동강연와 제조소	1906.04	부산 절영도					
하내연와 공장	1908.04	부산 영선동					2,000
판야토관 공장	1917.08	부산 영선동					700
적기연와 공장	1919.04	부산 감만동					4,000
부산요업 주식회사	1920.02	부산 전포리	790	500,000	116	1,226,700	6,524
삼익요업소	1938.04	동래구 남면 남천리					
삼호상회 공업부	1940.08	부산 영선동					

호프만 가마의 도입

부산뿐만 아니라 전국적으로 벽돌공장이 운영됨에 따라 숙련된 기술자와 이를 뒷받침해야 할 것이 바로 가마의 역할이다. 이는 대량생산과 직결됨에 따라 가마, 즉 요로의 형식은 공장의 경쟁력을 확보하는 중요한 틀이다. 당시 등장한 요로에는 단독로, 등로 그리

전국 벽돌공장 요로종류별 분포 (1940)

지역별	공장수	요로종별			공장소유	
		호프만	등로	단독로	한국인	일본인
경기	36	19	7	10	13	23
충남	4	1	2	1	1	3
충북	1	1		1		1
전남	7	2	2	3	1	6
전북	6	2	2	2	1	5
경남	6	2	1	3		6
경북	5	2	2	1	1	4
강원	1		1			1
황해	4	4			2	2
평남	12	7	5		1	11
평북	5	4	1		1	4
황남	8	5	2	1	1	7
황북	28	18	7	3	2	26
계	123	66	33	24	24	99

고 호프만식 가마가 있다. 단독로는 일반적으로 열효율이 높지 않으나 한 개의 소성로에서 다른 모양, 크기, 종류, 성질의 것을 함께 굽는 것이 가능하다. 1회전 소성속도가 빠르기 때문에 소량 생산이 용이하다. 또한 이러한 가마는 터널 가마가 출현하기 전까지 적벽돌 및 내화벽돌용 가마로 많이 사용되었다. 하지만 단독로는 벽돌에 열효율과 열의 분포도가 높은 반면 고온 상태에서 배출될 때 급격하게 열손실이 발생하여 변형이 많이 일어나는 단점이 있다. 등로, 즉 오름 가마는 일정기간 벽돌을 연속적으로 쌓아 진행한 후 연소를 중단하고 요출, 다시 요입과 요적 과정을 거쳐 굽는 방식으로 여러 개의 방이 연결되어 있는 긴 형태로 구성되어 있다. 연속적으

로 구성된 각 실에 열효율을 안정적으로 유지 및 연료 효율이 높은 가마로서 호프만 가마 출현 전에는 대부분의 벽돌공장에서 사용되었다. 그러나 1940년대 벽돌공장의 요로 종류를 살펴본 결과 123개의 벽돌공장 중 단연코 많이 사용되고 있는 가마는 바로 호프만 가마이다. 호프만 가마*는 1858년 독일인 프리드리히 호프만(Friedrich Hoffmann)이 벽돌 제조에 대한 특허를 취득한 후 석회 연소를 사용하였으며 Hoffmann Continuous Kiln으로 알려졌다. 일반적인 크기는 평균적으로 약 5m(높이)×15m(너비)×150m(길이) 정도이며 1907년 8월에 우리나라에 최초로 도입된다. 호프만 가마의 출현은 대량생산체제로의 변화를 의미하며 이는 한국의 벽돌 수요가 전국적으로 급등하고 다양한 건축적 작업이 진행됨을 의미한다.

호프만 가마는 각 실에 댐퍼 틀**을 사용하여 조작이 편리하고 연속작업이 가능하며 일정한 양을 공급, 대량생산이 가능하다. 특히 가스, 석탄, 목재 등 다양한 연료 사용이 가능하여 연소율이 높아 효율성이 좋으며 열 분포가 고르게 전달되는 장점을 가지고 있다. 특히 벽돌이 굽어지는 상태를 투탄구로 확인할 수 있어 양질의 벽돌을 얻을 수 있다. 1940년 당시 50% 이상이 호프만 가마를 사용한 것으로 확인되었으며 현재 우리나라에서는 유일하게 수원에 영신연와만이 남아 있는 상태이다.

---

* 구체적으로 살펴보면 1화전 18실, 가마 안 너비 3.64m, 높이 2.9m, 1실 요적량 18,000장 전후로 적재 가능하며 중앙연도의 안 너비는 1.2m, 높이 1.5m 정도이다. 굴뚝 높이 39.4m, 철근콘크리트조로 구성된다.

** 덕트 또는 공기조화기 내에서 유동하는 유체의 양을 조절하거나 차단하는 기능을 가지며 움직이는 날개를 가진 기구의 총칭을 의미한다.

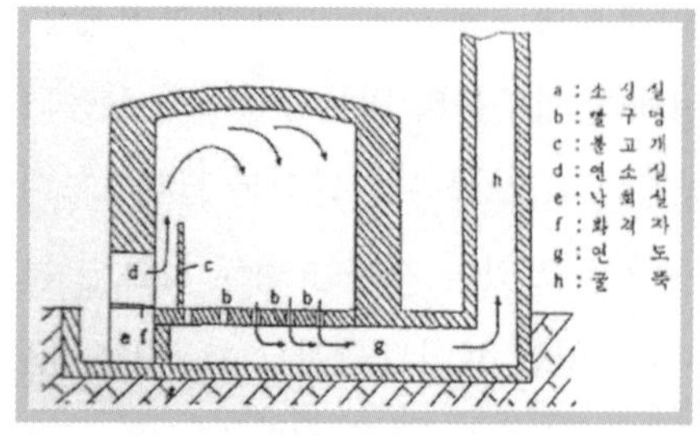

단독가마 단면도-도염식

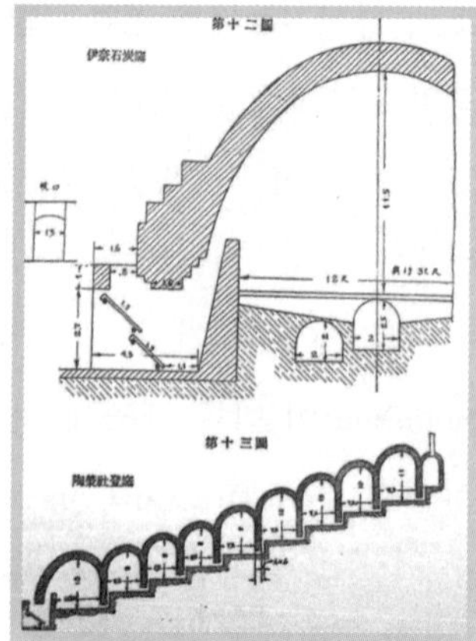

등로가마 단면도-반연속식

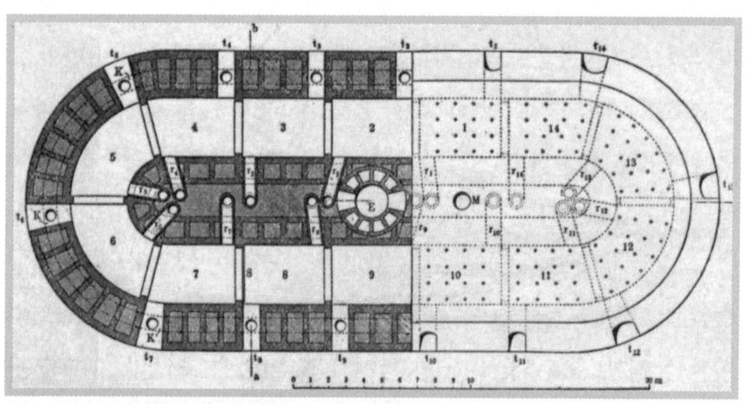

호프만가마 도면

경기도 수원 영신연와-
호프만가마 전경

벽돌의 디테일

쌓기 방식과 표준화

일반적으로 벽돌쌓기는 기존의 장식을 배제하고 구조체와 디자인을 일체화하여 구축하는 방법이다. 따라서 기능공들이 어떻게 쌓느냐에 따라 파사드(외벽) 디자인이 달라진다. 이를 구법, 즉 디테일이라고 지칭한다. 일반적으로 현대 벽돌의 표준화 사이즈는 190×90×57mm 이다. 벽돌은 긴 면을 길이, 옆면을 마구리라고 지칭한다.

파사드(외벽)를 보았을 때 어떤 면이 보이느냐에 따라 쌓기 방식이 달라지는데 예를 들면 쌓는 면의 개수에 따라 분류되며 한 면이 벽을 쌓는 방식으로 벽돌의 긴 면이 보이도록 쌓는 방식은 길이 쌓기, 벽과 벽이 만나는 두 벽을 구조적으로 결합하기 위해 90도 회전, 벽돌의 양끝이 마구리를 보이게 하는 방식은 마구리 쌓기라고 한다. 그리고 경사, 문턱 등에 옆을 세워서 쌓기, 기둥과 기둥 사이를 가로지르는 위치에 따라 쌓기 방식은 달라진다. 이러한 쌓기 방식의 패턴에 따라 외벽의 디자인이 다르게 보이는 것이다. 벽돌은 온장을 사용할 수도 있고 벽체 모서리나 디자인 패턴에 따라 칠오토막, 반토막, 반절 등 다양한 방식으로 활용되고 있다.

벽돌을 쌓으려면 접착제가 필요하다. 이 접착제가 바로 모르타르다. 모르타르는 전체 벽돌 벽 면적의 15~20%를 차지하고 있으니 색상, 크기, 사용방식에 따라 벽돌건축의 디자인이 달라진다. 대부분은 시멘트로 배합하여 사용하지만 석회를 사용하여 색과 질감을 표현할 수도 있다. 그리고 오목하게, 평평하게, 볼록하게

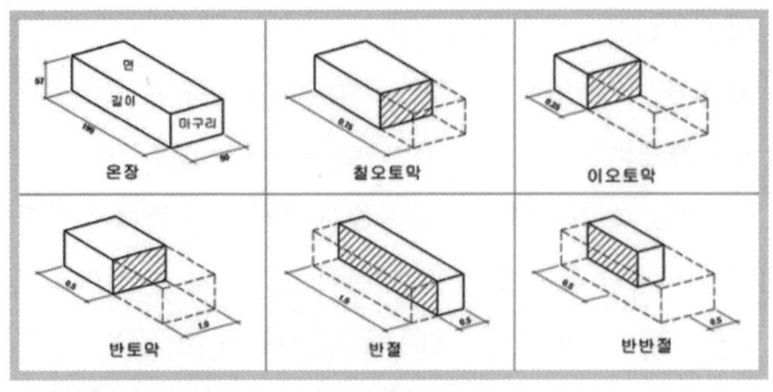

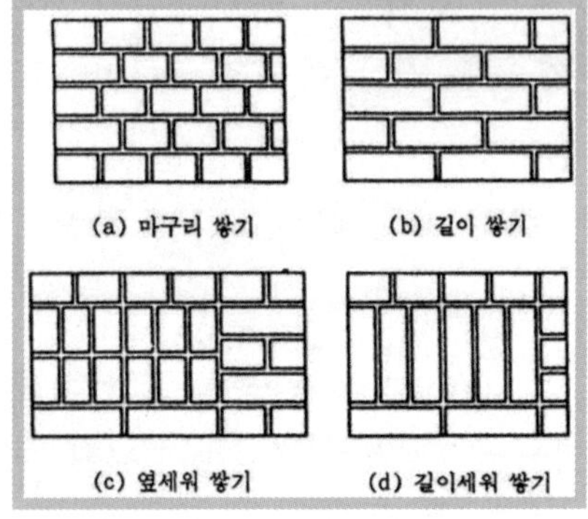

벽돌의 쌓기 방식과 활용

모양을 만들어 디테일을 다르게 성형할 수 있어 벽돌 쌓기방식에서는 중요한 요소이다. 일반적으로 보이는 줄눈의 두께는 10mm 정도라 할 수 있다. 또한 나라별로 쌓기 방식이 나타나는데 이를 미국식 쌓기, 영국식 쌓기, 화란식(네덜란드식) 쌓기 방식 등으로 다양하게 접목할 수 있다. 근대기 우리나라에 도입된 쌓기 방식은 대부분이 화란식 즉 네덜란드식 쌓기 방식을 취하고 있다.

근대기의 벽돌이 표준화된 시기는 1923년과 1925년이며 당시 표준화 치수는 지금 일반적으로 사용하는 사이즈와는 차이가 난다. 『窯業工業便覽』과 1925년 『煉瓦に就ての座談會』의 자료에 의

하면 벽돌 규격을 정리한 크기는 길이 210mm, 폭 100mm, 두께 60mm가 표준으로 되어 있으며 흡수율과 강도에 따라 등급을 1등과 2등으로 나누어 총 4종으로 분류한다. 일반적으로 품질에 대한 측정은 5000장의 벽돌 중 임의의 5장을 샘플링하여 각각의 흡수율과 압축강도를 측정한 평균치로 재료에 대한 기준이 정리되었다. 해서 일반적으로 근대 벽돌의 시기 측정이 가능한데, 길이 부분이 210mm 이상이면 1925년 이전 벽돌로 확인할 수 있다. 1925년 이전에 만들어진 대부분의 벽돌은 표준화보다는 공장들만의 노하우로 생산되었으며 이는 지역별, 공장별 사이즈 등이 달라 기능공들의 기술적 역할이 높았을 것으로 판단된다. 부산의 대표적인 건축물에서도 다양한 벽돌 사이즈가 잘 나타난다.

부산의 벽돌건축

부산 최초의 근대여성교육기관인 일신여학교(1905)가 부산의 가장 오래된 벽돌건축물이다. 호주 장로교 선교회의 멘지스(Menzies)와 페리(Perry)는 1891년(고종 28년)에 부산에 파견되어, 1895년(고종 32년) 10월, 부산진에 마오리고아원과 교인 자녀들을

부산일신여학교(1905), 현존

동아대박물관(1925), 현존

부산역(1910), 멸실

부산세관(1910), 멸실-종탑보존

대상으로 하는 일신여학교를 설립하였다. 건축구성은 서양식 2층 벽돌 건물의 조적조(組積造)로서 외부에 벽돌 기둥이 2층까지 이어져 있으며, 외부에서 바로 2층으로 진입할 수 있는 계단이 설치되어 있다. 1층 벽체는 석재, 2층은 벽돌로 구성되어 있어 붉은색 벽돌과 하부의 석재가 대비되어 보인다. 그 외 부산역(1910), 부산세관(1910), 부산우편국(1910), 조흥은행(1910) 등은 르네상스 양식과 벽돌재료를 사용하여 구축되었으며 이런 방식은 대부분 공공건축물들에 상징적으로 축조하였다. 그중 대표적인 사례가 동아대학교 박물관(구 경남도청사 1925)이다.

동아대박물관은 당시 경남도청사 건축물로 1924년 처음 건립 당시 230×110×60mm 크기의 벽돌을 사용하였으며 229×100×59mm, 234×110×61mm, 225×110×60mm 등도 나타났다. 또한 1931년대 1차 증축부 역시 230×110×60mm 크기가 주로 사용되고 1940년대 후면부 증축 당시에는 222~227×110×57~60mm에 이르기까지 연도별로 다양한 도제식 벽돌이 사용되었으며, 여전히 지역에는 표준화 시스템이 도입되지 않음을 확인할 수 있다.

그 외에 이형벽돌을 활용한 다양한 디테일의 벽돌이 확인되어

동아대학교 이형벽돌

맞춤형 제작 시스템이 형성된 것으로 추정할 수 있다. 조사 당시 흥미로운 사실은, 건축물은 르네상스 양식이지만 구조체는 한식 지붕틀을 사용하고 있었다는 점이다. 당시의 기술자들이 대부분 한국인이므로 표현방식 또한 한식과 양식이 혼합된 방식으로 구축하지 않았나 추측해 볼 수 있다.

다시, 라이프스타일에도 흙

일반적으로 벽돌을 산업사와 연결하면 바로 요업의 역사와 연결된다. 요업은 도자기 · 벽돌 · 기와 등 흙을 구워 물건을 만드는 업의 총칭으로, 넓게는 유리 · 시멘트 · 단열재 등의 제조업까지 포함하는 업종을 의미한다. 이의 원재료는 하나, 바로 흙이다. 흙으로 만드는 건축적 재료로 타일, 위생도기 또한 여기에 속한다. 이 또한 부산지역에서 중요한 역할을 하고 있는 장소가 바로 영도지역이다. 1924년 『조선지형도부산남부지도』에 의하면 영도에는 기와와 도자기 가마터가 7개소 분포된 것을 확인할 수 있으며 대

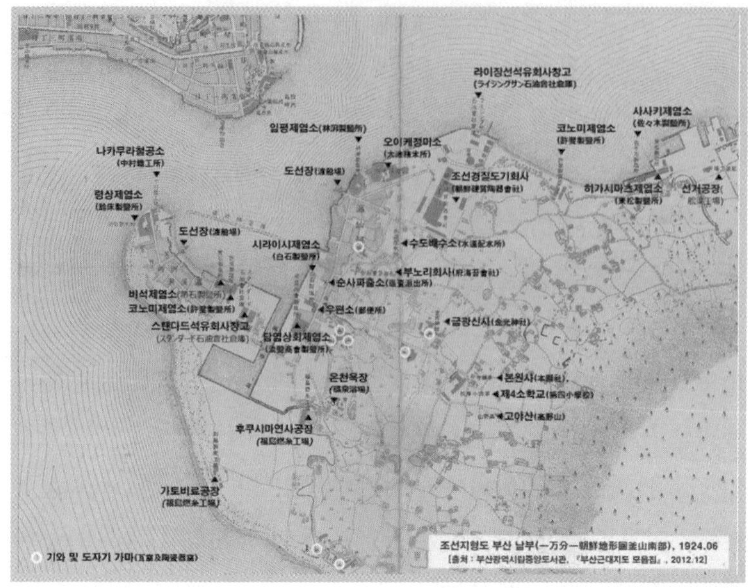

조선지령도 부산남부지도 (1924)
기와 및 도자기 가마 위치도

부산기상청(1934)
스크래치 타일

조선경질주식회사(1905) 전경

표적인 제조공장 조선경질주식회사가 그 중심에 있다. 조선경질주식회사는 1917년 설립하여 1920년 본사를 부산 영도 부지 2만 5,500평으로 이전해 제품단을 다각화하여 수출산업으로 연결, 발전하게 된다. 주로 제품은 남양제도, 네덜란드령 동인도제도, 영국령 해협 식민지, 필리핀 제도, 태국, 인도, 호주, 아메리카, 아프리카까지 수출한 것으로 확인되었다. 주 생산품목인 양식기, 일본식기, 조선식기 이외에 타일, 테라코타 등 건축자재까지 생산하였다.

이제 흙으로 만드는 세라믹 제품은 건축자재뿐만 아니라 일상 소비재 상품으로 다양하게 활용된다. 1933년 수출품목에도 경질도기가 1위인 것으로 보아 당시 대외 수출품목 중 도기는 흙으로 생산되는 대표적인 상품으로 자리매김하여 제조기술의 유입이 다시 수출품으로 연결됨을 확인할 수 있다.

1933년 수출품목 및 지역현황

구분 상품별	(圓)블록		기타국가	
	금액(원)	비율(%)	금액(원)	비율(%)
경질도기	29,192	3.4	821,916	96.6
법랑철기	22,794	1.0	2,327,202	99.0
전구	-	-	481,969	100
어류통조림	133,527	21.2	495,954	78.8
면포	3,393,482	67.3	1,649,539	32.7
인견포	659,603	59.4	451,982	40.6
흑연	15,190	13.4	97,506	86.6
엽연초	-	-	1,042,724	100

다시 일상의 제품으로 자리 잡다

건축도 구축 방법도 사실 유행을 따른다. 대부분 근대기에 활용되었던 재료인 벽돌 또한 콘크리트와 철근에 밀려 한때는 사양되거나 활용도가 높지 못했다. 때로는 장식적인 역할로만 일부 인식되기도 하였다. 그러나 최근 들어 벽돌은 새로운 전성기를 맞고 있다. 철근과 쌓기 방식의 결합으로 딱딱하지 않은, 차분하면서 부드러운 선형을 가진 물성으로 변모를 꾀하고 있다. 벽돌이 생산된 시기와 유입과정은 조금 차이가 있지만 벽돌과 세라믹의 재료는 변화와 기술적 응용에 따라 우리 일상에 녹아내려 현재까지 활용되고 있다. 아주 오랜 기간 동안 흙의 물성을 잘 활용하여 때로는 건축 재료로 때로는 일상용품으로 활용되고 있는 것이다. 표준화와 디테일적 측면에서 서양의 기술과 결합되어 근대건축사에 중요한 역할을 담당하였으며 그 중심에 부산이 있다. 이러한 활동은 부산에 항만도시의 역동성과 개방성이 존재했기에 가능한 것이다. 부산은 벽돌과 세라믹 재료의 물성들까지도 자연스럽게 받아들여 왔던 것이다. 또한 여전히 벽돌과 세라믹으로 구축된 건축물들은 원도심 속에 존재하고 있다. **(홍순연)**

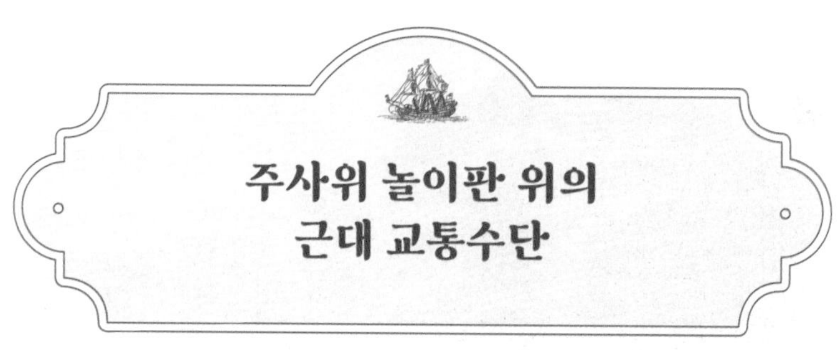

주사위 놀이판 위의 근대 교통수단

오타루 박물관에서 만난 주사위 놀이판

필자는 몇 년 전 겨울에 일본 홋카이도의 오타루시를 방문할 일이 있었다. 눈보라를 뚫고 눈이 무릎까지 쌓인 길을 걸어 오타루 박물관에 도착했다.

한국인에게 오타루는 삿포로 근처의 관광도시로 유명하다. 하지만 이곳은 홋카이도와 일본의 근대화에 중요한 역할을 했던 공간이며, 오타루 박물관 역시 단순히 전시만을 위해 만들어진 공간이 아니다.

홋카이도는 근대 이전까지 '에조치[蝦夷地]'라고 하여 아이누 족[アイヌ族]이 사는 일본 영토 바깥의 공간으로 인식되었다. 19세기

오타루시 종합박물관 전경(출처: 필자 개인 촬영)

후반 메이지 시대에 이르러 이 땅에 홋카이도[北海道]라는 이름을 붙이고 정책적으로 본토 사람들을 대거 이주시켜 개척하였다. 홋카이도는 당시까지 개발이 이루어지지 않은 곳으로 삼림과 수산물, 특히 석탄 등 광물자원의 보고였다. 광산에서 채굴된 석탄은 철도를 통해 항구로 운반되었고, 본토로 수송되어 산업 발전의 원동력이 되었다. 오타루는 철도로 운반되어 온 석탄을 본토로 실어 나르는 역할을 하는 항구도시였고, 현재 관광용으로 사용되는 운하 역시 원래 항구의 운송 기능을 위해 만든 시설이다. 운하를 따라 늘어선 근대건축물들은 당시 오타루의 번영을 보여주는 증거이다.

오타루시 종합박물관(이하 오타루 박물관) 본관은 원래 일본우선주식회사(日本郵船株式會社)의 오타루 지점 건물이다. 야외에는 각종 철도 시설물이 전시되고 있는데, 이곳에 석탄을 운반하기 위한

데미야 역[手宮驛]이 있었기 때문이다. 그리고 별관으로 운하관이 운영되고 있기도 하다. 즉, 오타루 박물관은 기차와 기선이 주제가 된 곳이라고 해도 과언이 아니다.

박물관 1층은 철도에 관련된 전시가 주를 이루고 있다. 증기기관차가 로비를 차지하고 있고, 철도와 관련된 각종 자료나 모형, 기차 번호판, 역무원의 복장 등이 전시 중이다. 필자는 그 한 모퉁이에서 한 장의 주사위 놀이판과 마주하였다. 놀이판 한가운데 결승점에는 서울, 곧 일제강점기의 경성이 있었다. 왜 이 놀이판은 철도와 관련된 전시 내용에 포함되어 있을까? 왜 조선이 등장하고 있는 것일까? 이제 막 그 미스터리에 대한 추적을 시작하려는 참이다.

주사위는 던져졌다

주사위 놀이와 놀이판

주사위 놀이는 주사위를 던져 나오는 결과에 따라 참가자가 일정한 행동을 하는 놀이로, 전 세계적으로 행해지고 있다. 주사위(영: die/dice, 중: 骰子, 일: サイコロ)는 다면체 형태를 이루고 있는 경우가 많지만, 다면 기둥 형태인 경우도 많다. 2개의 면이 있는 윷 역시 주사위의 일종으로 볼 수 있다. 주사위의 재질은 돌 · 나무 · 뼈 · 금속 · 도자기 · 플라스틱 등 다양하다.

보통 주사위는 각 면마다 다른 글자나 숫자를 새기고, 던져서 제일 위쪽 면(혹은 반대로 땅에 닿는 면)에 적힌 내용이 그 결괏값이 된다. 숫자의 경우 문자 형태의 숫자(한자나 아라비아 숫자 등)로 표시하기도 하지만 해당 개수만큼 점을 찍는 경우가 많다. 이 점을 '눈'이라고 하며, 1~6개의 눈이 있는 육면체 주사위가 가장 보편적으로 활용되고 있다. 이러한 방식은 문자화되기 이전의 숫자 표기법이다. 덕분에 주사위는 특별한 설명 없이도 언어와 문화를 초월하여 숫자로 인식될 수 있었고, 주사위 놀이도 세계적으로 보편화될 수 있었다.

최초의 놀이 도구

주사위는 인류 최초의 놀이 도구 중 하나이다. 늦어도 서력 기원전 3,000년 전에 주사위 놀이가 시작되었을 것으로 추정한다. 이집트 유적에서는 기원전 10세기 이전의 것으로 보이는 주사위가 발견되었고, 기원전 4세기 무렵의 20면체 주사위도 발견되었다. 기원전 2,000년 무렵 지어진 인도의 고대 서사시인 『마하바라타』에서도 주사위가 언급되어 있다.

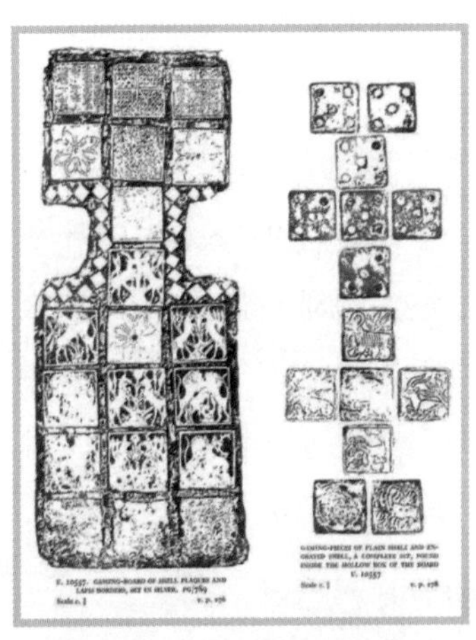

메소포타미아 지역의 주사위 놀이판
(출처: 이라크 국립박물관)

주사위 놀이판은 메소포타미아에서 기원전 3,000년 전에 발견된 바 있다. 이 게임은 「우르의 왕실놀이(The Royal Game of Ur)」라고 하여 중동 지역을 중심으로 크게 유행하였다. 비슷한 시기 중동에서는 '백개먼(backgammon)'이라는 형태의 주사위 놀이도 만들어져서 지금까지 전해지고 있다. 이 게임은 동양에 쌍륙(雙六/雙陸)이라는 형태로 수용되었다.

종교와 수학 사이에서

주사위를 던지는 것은 무작위한(random) 결과를 얻기 위한 하나의 방법이다. 특별한 경우가 아니라면 주사위 각 면의 면적을 일정하게 해서 각 결과가 나오는 확률을 똑같게 한다. '무작위'라는 것은 '작위(作爲)가 없다'는 뜻으로, 결과가 도출되는 데 인간의 의도가 작용하지 않는다는 뜻이다.

인간의 의도가 작용하지 않는다는 것을 종교적으로 해석하면 '신의 의도에 따르겠다'라는 뜻이 된다. 주사위나 윷을 던질 때 되도록 높이 던지도록 요구하는 것은 실질적으로 던지는 사람이 조작하지 못하도록 하기 위한 것이지만, 하늘(=신)에 가장 가까운 곳으로 보내어 신의 의도를 더 잘 반영하겠다는 뜻이기도 하다. 일반적으로 주사위 놀이는 종교적 제의에서 출발했을 것으로 해석하며, 지금도 주사위 점이 행해지고 있다.

한편으로 주사위를 통해 인류가 수학적 사고를 하고 있음을 살펴볼 수 있다. 눈을 읽어 숫자를 세고, 여러 개의 주사위에서 나온 숫자를 더하고, 기하학적인 다면체를 만들고, 확률을 계산하는 것에는 모두 수학적 · 기하학적 사고가 필요하다. 그리고 주사위 놀이가 보급되었다는 것은 일반인들도 수학적 사고를 하고 있었다는 의미이다. 물론 여느 도박이 그러하듯 확률에 대한 미신은 항상 존재해왔다.

도박과 교육의 도구

주사위를 가지고 노는 방식은 매우 다양하다. 나오는 눈의 개수를 비교하거나, 특정 숫자가 나오게 하거나, 두 개의 주사위가 같은 숫자가 나오거나, 여러 차례 던져 나오는 값이 특정한 패턴을 이루거나 하는 등이다. 그리고 놀이판(말판)을 이용하는 경우는 놀이판 위에 여러 칸으로 된 길을 만들고, 주사위를 던져 나오는 눈의 개수만큼 판 위의 말이 이동하여 목적지에 도달하는 레이스 게임(race game) 형태가 일반적이다.

주사위 놀이는 단순한 즐거움을 얻는 데 활용되기도 하였으나, 그 무작위성 때문에 도박에 널리 활용되었다. 80~90년대에 유행했던 홍콩 도박 영화에서는 컵을 이용해 주사위를 굴리는 기술로 대결하는 장면이 클리셰처럼 활용되기도 했다.

한편 주사위 놀이는 교육적인 목적으로 활용되기도 했다. 교육적인 목적의 주사위 놀이는 대개 놀이판의 각 칸에 글이나 그림을 넣어서 이를 암기하도록 하거나, 규칙을 통해 권선징악 형태의 교훈을 주거나 하는 형태이다. 이러한 형태의 주사위 놀이는 인도에서 시작되었으며, 불교와 함께 중국으로 건너가 '성불도(成佛圖)' 형태로 정착했고, 한국 등 주변 나라로 전해졌다. 여기서 파생되어 다양한 형태로 교육적 목적의 주사위 놀이가 만들어지게 되었다.

한국의 주사위 놀이

삼국시대의 악삭과 주령구

중동에서 시작된 주사위 놀이는 인도나 실크로드를 통해 고대 중국으로 전파되었고, 한국과 일본까지 이어졌다. 중국에서는 기원전 600년경의 주사위가 발굴된 바 있다.

한국에는 삼국시대에 중국을 통해 주사위 놀이가 수입되었을 것으로 추정된다. 중국의 역사책인 『수서』의 동이(東夷) 열전 중 백제의 놀이문화를 설명하는 부분에서 '악삭(握槊)'이라는 명칭이 나온다. '악삭'은 주사위 놀이의 일종인 '쌍륙'을 뜻하는 말이다. 주사위 놀이와 유사한 윷놀이[樗蒲]도 함께 소개되어 있다.

경주의 대표적인 유적지인 동궁(東宮, 태자의 거처)과 월지(月池, 구 안압지 혹은 임해전지)에서는 상아로 만든 6면체 주사위와 나무로 만든 '주령구(酒令具)'가 출토된 바 있다. 주령구는 14면체 주사위로 각 면에 술을 마시면서 즐길 수 있는 각종 벌칙이 적혀 있다.

경주 월지에서 출토된 상아 주사위와 주령구
(출처: 경주국립박물관)

이를 통해 신라의 궁궐 내에서 다양한 주사위 놀이를 하였음을 알 수 있고, 또 놀이에 따라 다양한 형태의 주사위를 활용하였음도 확인할 수 있다.

고려시대에도 주사위 놀이를 즐겼다. 고려 중기의 문인인 이규보의 문집인 『동국이상국집』에서도 친구들이 찾아와 한가롭게 노닐면서 쌍륙과 비파 연주를 즐기는 모습을 묘사하고 있다. 또 고려에서는 성불도 놀이가 성행하기도 했다.

조선의 승경도와 승람도

조선시대 사람들도 쌍륙을 비롯한 다양한 형태의 주사위 놀이를 즐겼는데, 승경도와 남승도가 그 대표적인 놀이 방식이었다. 두 놀이는 5각 기둥 모양의 '윤목(輪木)'이라는 주사위를 사용하였는데, 이 경우 바닥에 닿는 면이 결괏값이었다.

승경도(陞卿圖) 놀이는 '종경도(從卿圖)'라고도 하며, 조선 초기 관료인 하륜(河崙)이 성불도 놀이를 개량하여 만들었다는 이야기가 전한다. 승경도는 놀이판의 여러 칸에 품계에 따라 관직을 배치하고, 참여자들이 주사위를 굴려 승진을 거듭하여 정승까지 출세하는 놀이이다. 판본마다 놀이판의 형태가 다양한데, 다양한 출신 신분에서 출발하여 문·무관 직계를 거쳐 갈 수 있도록 복잡하게 만들어진 것도 있다. 승경도 놀이는 어린이들에게 놀이를 통해 관직명을 외우게 하고, 앞으로 관료로서 입신출세할 동기를 부여하기 위한 용도로 만들어진 것이다.

남승도(覽勝圖) 놀이는 '승람도(勝覽圖)', 혹은 '상영도(觴詠圖)'라고도 한다. 놀이판의 여러 칸마다 명승지를 배치하고, 출발지점에서 도착지점까지 먼저 도착하는 것을 겨루는 전형적인 레이스 게임이다. 여행의 배경이 되는 지역이 조선일 경우, 이를 나타내기 위해 「조선남승도」·「청구남승도」 등의 제목을 사용하기도 한다. 이 경우 대개 한양에서 출발하여 전국의 명승지를 일주하고 한양으로 돌아오는 형식이다. 혹은 중국의 명승지를 차용하는 경우도 있고, 개항기에는 세계를 배경으로 하는 형태가 등장하기도 했다. 여행이 자유롭지 않았던 과거에는 이 놀이를 통해 대리 여행 체험을 하는 한편, 지리교육을 하는 역할을 하였을 것이다. 상영도의 경우 그 명칭(술잔 상, 노래할 영)에서 보이듯이 술을 마시면서 시를 짓는 모임에서 활용했을 것이다.

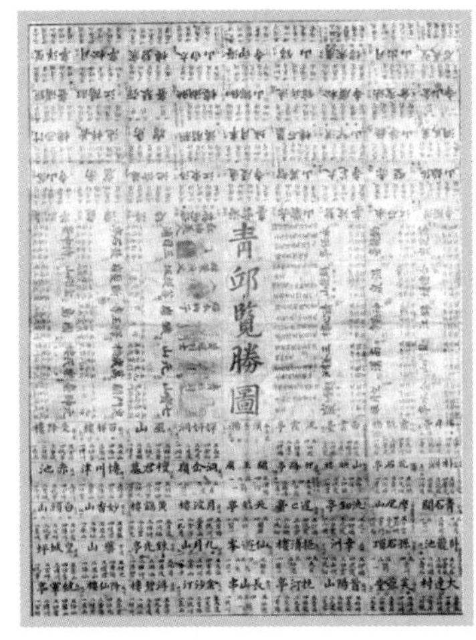

「청구남승도」
(출처: 국립민속박물관)

한편 『조선왕조실록』에 따르면 조선전기 궁궐 내에서는 '대렵도(大獵圖)'라는 놀이를 하였다는 기록이 있다. 『성종실록』의 해당 기록을 보면 대렵도 뒤에 '骰子[투자]'라는 말이 붙어 있는데, 주사위라는 뜻이므로 대렵도가 주사위 놀이의 일종임을 알 수 있다. 이름으로 미루어 보아 아마 동물이 그려진 놀이판에 주사위를 던져 사냥하는 놀이였던 것으로 보인다.

일본의 출판문화와 스고로쿠

일본의 스고로쿠

17세기부터 19세기 중반에 해당하는 일본의 에도시대에는 대중출판 산업이 크게 발전하였다. 귀족이나 무사 등 지배층 외에도 도시민인 쵸닌[町人]들을 대상으로 한 통속소설이나 흥미 위주의 읽을거리, 신문의 일종인 요미우리[読売] 등이 상업적인 목적으로 출판되었고, 심지어 풍속화인 우키요에[浮世絵]도 다색목판으로 인쇄되어 시중에 판매되었다.

또 주사위 놀이를 위한 놀이판도 우키요에와 같은 방식으로 출판되었다. 주사위 놀이의 일종인 쌍륙은 고대부터 일본에 수용되어 '스고로쿠[双六]'라는 이름으로 정착되었다. 전통적인 쌍륙은 추상적이고 어려웠으므로, 대중들 사이에서는 직관적인 그림 주사위 놀이[絵双六, 에스고로쿠]가 유행하였다. 이것은 놀이판에 칸마다 그림을 그려 넣은 것을 말한다.

일본의 여행 주사위 놀이와 역로망

'여행 주사위 놀이[道中双六, 도추스고로쿠]'는 주사위를 굴려 놀이판 위의 여러 지역을 여행하면서 결승점에 도달하는 일본 그림 주사위 놀이의 일종이다. 놀이판의 각 칸에는 그 지역에 얽힌 사연이나 시, 풍물을 그림으로 표현하고 있다.

주사위 놀이로 여러 지역을 여행한다는 측면에서 한국의 남승도 놀이와 일맥상통한다고 할 수 있다. 다만 한국의 남승도는 글씨 위주에다 필사본으로 유통된 반면, 일본의 여행 주사위 놀이는

「참궁상경 여행 일람 주사위 놀이(參宮上京道中一覽雙六)」(1857)
(출처: 일본국회도서관)

그림이 많이 들어가 있고 목판 인쇄를 통해 대량으로 판매되었다는 점에서 큰 차이가 있다.

여행 주사위 놀이 중에서는 도쿄나 에도(현재의 도쿄) 등 한 도시 내의 이곳저곳을 돌아다니는 형태도 있지만, 먼 거리를 여행하는 형태가 많았다. 중·근세 시기 일본 여행길은 이른바 '7도(七道)'라고 하는 역로망을 중심으로 하고 있었다. 수도인 교토를 중심으로 도카이도[東海道]·도산도[東山道]·호쿠리쿠도[北陸道]·산요도[山陽道]·산인도[山陰道]·난카이도[南海道]·세이카이도[西海道]가 형성되어 있었다. 이 중 도카이도는 교토와 도쿄라는 두 개의 수도를 잇는 가장 중요한 역로였고, 그 사이에는 총 53개의 숙역(宿駅)이 설치되어 있었다. 여행 주사위 놀이 중에도 도카이도와 그 숙역을 소재로 하는 것이 많았다.

주사위 놀이는 대중문화라는 측면에서 세태의 변화나 유행에 민감하게 반응하였다. 개항 이후 철도와 기선 등 근대적인 운송수단이 도입되자, 여행 주사위 놀이 역시 기존의 역로망을 대신하는 운송수단의 변화를 적극적으로 반영하였다.

주사위 놀이에 나타난 근대 운송수단과 제국주의

근대운송수단과 제국주의

증기기관이 실용화된 것은 광산에서 물을 퍼내는 펌프에 사용된 것이 시초이다. 이후 운송수단을 움직이는 힘으로 활용되면서 근대화의 원동력이 되었다.

이 중 먼저 상용화된 것은 기선(汽船)으로, 1787년 미국의 존 피치(John Fitch)에 의해 발명되었으며 19세기 초에 풀턴(R. Fulton)이 개량하여 미시시피강 유역에서 크게 활약하였다. 처음에는 좌우로 수차가 달린 외륜선 형태였으며, 후에 스크루선 형태로 발전하였다.

기차의 경우 1804년 영국의 트레비식(R. Trevithick)이 처음 개발한 이후 여러 차례의 개량을 거쳐 1829년 영국의 조지 스티븐슨(George Stephenson)에 의해 본격적으로 상용화되었다. 그는 증기기관차의 개량과 함께 철로의 개량에도 힘썼으며, 연철 레일의 발명을 통해 철도부설권을 선점할 수 있었다.

18세기 유럽에서는 대량생산 체제의 도입과 함께 산업혁명이 시작되었다. 대량으로 원자재와 상품을 실어 나르기 위한 운송수단이 필요했다. 특히 철강은 산업 발전의 핵심 요소였는데, 철강을 제련하는 데에는 철광석 외에도 대량의 석탄과 석회석 등이 필요하였다. 기차와 기선의 도입은 철강 원료와 생산된 철강을 대량으로 수송하게 할 수 있었다.

서구 국가들이 원재료를 공급하고 공산품을 판매할 곳을 마련하기 위해 전 세계로 식민지를 확대해나갔다. 바로 제국주의 시대였다.

일본과 한국의 철도

일본은 1854년 개항 이후 산업화를 조장하여 근대국가를 이룩하고, 제국주의 국가에 편입하고자 애썼다. 일본은 개항 이전부터 근대화된 서양의 모습에 많은 주의를 기울였으며, 특히 기차와 기선의 위력을 절감하고 있었다. '7도'로 대표되는 전근대의 역로망은 철도로 대체되었다. 20세기 초 주요 도시를 잇는 간선 철도가 완공되자 곳곳에 지선을 확충하여 전국에 마치 핏줄과 같은 철로망을 형성하였다. 주요 항구에는 근대적 항만시설과 조선소가 지어졌다.

일본은 한반도 진출을 노골화하면서 대한제국 정부로부터 철도부설권을 획득하여 경부선(1905)과 경의선(1906)을 개통시켰다. 일본의 시모노세키와 부산 사이에는 관부연락선(1905)이 개통되어, 도쿄에서 시모노세키까지 이르는 일본열도의 철도와 부산에서 신의주에 이르는 한반도의 철도를 연결하였다. 한편 일본은 러일전쟁 이후 남만주철도에 대한 권리를 얻었는데, 1911년 압록강철교가 완공되면서 부산~서울~의주를 거치는 한반도의 철도가 만주까지 연결되었다. 이처럼 근대 운송수단의 발전은 일제가 대륙을 침략하는 지름길이 되었다.

주사위 놀이판과 일본의 제국주의

다시 맨 처음 소개했던 오타루 박물관의 주사위 놀이판으로 돌아가 보자. 이 주사위 놀이판은 1910년에 출간된 것으로, 일본이 조선을 병탄한 것을 축하하기 위해 만들어진 주사위 놀이판이다.

그 제목은 「합방 지리교육 기차 · 기선 여행 주사위 놀이[合邦地理教育 汽車汽船旅行雙六]」라고 되어 있다. '합방'은 조선을 병탄한 것을 일컫는 말이며, 새로 병합된 영토인 조선의 지리를 교육하기 위해 만들어졌음을 드러내고 있다. 제목 속의 '기차 · 기선'은 이 놀이판에서 일본에서 한반도로 가는 주요 운송수단으로 활용되고 있다.

놀이판 경로를 살펴보면, 우측 하단 도쿄 천황궁 입구인 니주바시[二重橋]가 출발점이고, 다음은 도쿄역이 생기기 이전 일본 철도의 출발역이었던 신바시[新橋]이다. 여기서부터 기차를 타고 시모노세키[下関]까지 가게 된다. 각 칸 옆에는 해당 구간의 기차역들이 나열되어 있다. 한편으로 개항장인 요코하마[横浜]에 도착하면 기선을 타고 고베[神戸]까지 바로 갈 수 있다.

시모노세키에서는 관부연락선을 타고 부산으로 가며, 부산에서

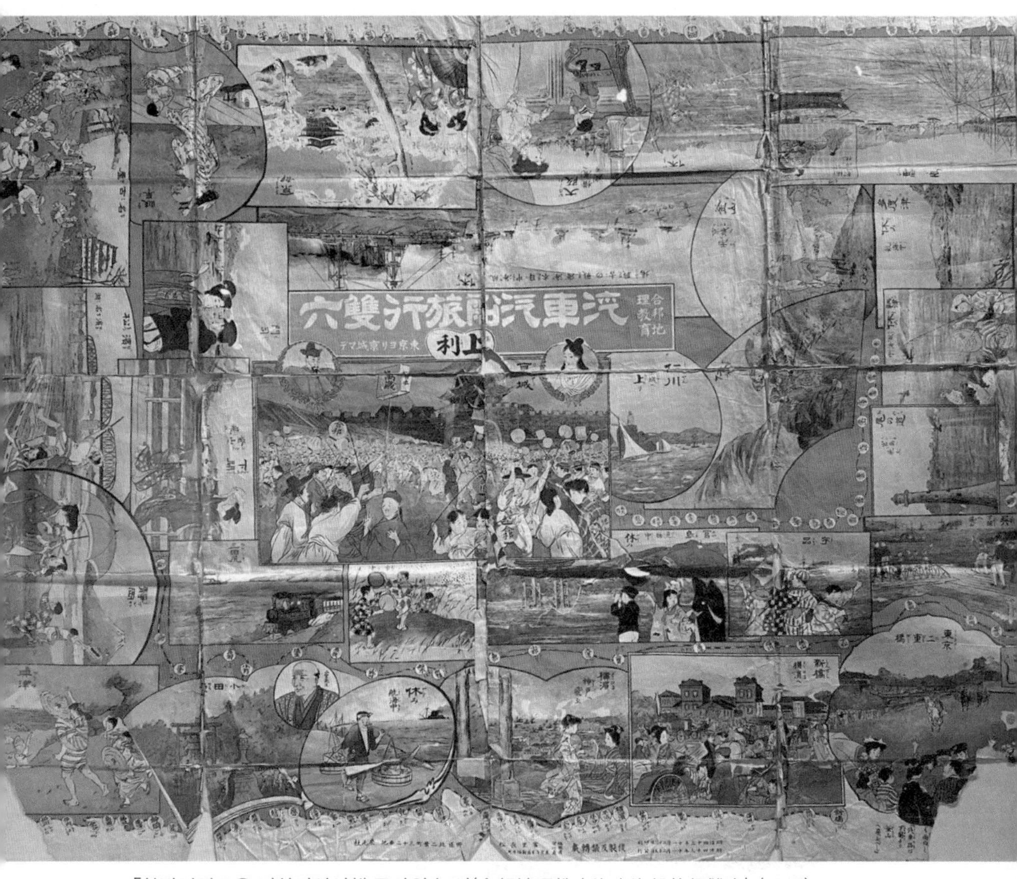

「합방지리교육 기차기선여행 주사위 놀이(合邦地理教育汽車汽船旅行雙六)」(1910)
(출처: 오타루 박물관)

앞의 주사위 놀이판 중 경성 부분 확대(출처: 오타루 박물관)

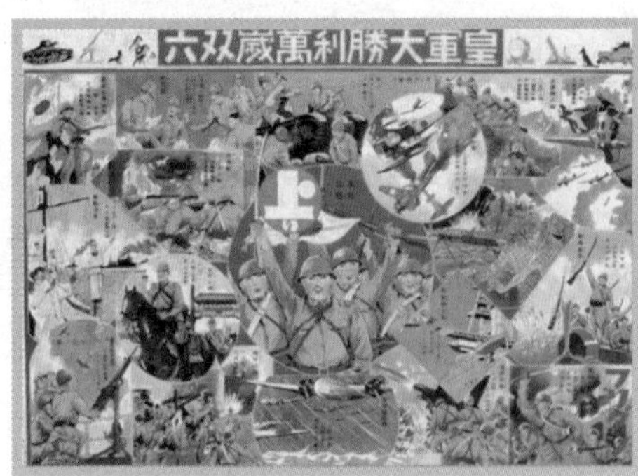

「황군 대승리 만세 주사위 놀이(皇軍大勝利萬歲双六)」(출처:『昭和のすごろく』, メディアパル, 2016)

경부선 철로를 타고 경성으로 가게 되어 있다. 부산이나 인천에서는 경성(京城, 서울)까지 직통으로 갈 수 있게 되어 있으며, 경부선 철도의 여러 역도 꼼꼼히 수록되어 있다. 이 중 부산 칸에 그려진 그림은 러일전쟁 무렵 해군 기지를 세우기 위해 측량하는 장면으로 보인다.

종착지인 경성 부분을 보자. 배경은 밤의 남대문 앞인데 일본인, 조선인 심지어 중국인까지 어우러져 '합방'을 축하하고 있다. 사람들은 '합방', '대일본 만세' 등이 적힌 등불을 들고 있다. 그 위에는 임진왜란을 일으켜 침략한 도요토미 히데요시[豊臣秀吉]와 삼한을 정벌했다는 진구황후[神功皇后]의 초상이 있다. 이 놀이판을 통해 당시 조선을 병탄한 일본인들의 자부심이나 대륙진출에 대한 야욕이 얼마나 노골적이었는지를 잘 알 수 있다.

이후로도 일본은 제국주의 노선에서 서서 한반도뿐 아니라 대만·만주 지역을 식민지화하였고, 이를 정당화하기 위한 주사위 놀이판이 만들어졌다. 1930~1940년대 일본은 중일전쟁과 태평양 전쟁을 일으켰다. 이 시기에 출판된 주사위 놀이판을 살펴보면, 어린이들에게 천황에 대한 충성, 맹목적 애국심, 군국주의 사상 등을 주입하고자 하는 의도가 선명하게 드러나고 있다. 이처럼 주사위 놀이판은 시세에 민감하게 반응하여 단순한 어린이 놀이 도구가 아니라 제국주의 이데올로기의 선전물 역할을 하였다.

뱀 주사위 놀이와 근대 한국

뱀 주사위 놀이(Snakes and ladders)는 100칸 혹은 200칸의 체스판 형태의 놀이판으로, 주사위를 굴려 맨 아래에서 꼭대기까지 지그재그로 올라가는 놀이이다. 악한 일을 행하는 칸에 도착하면 뱀을 타고 아래로 돌아가고, 선한 일을 행하는 칸에 들어가면 사다리를

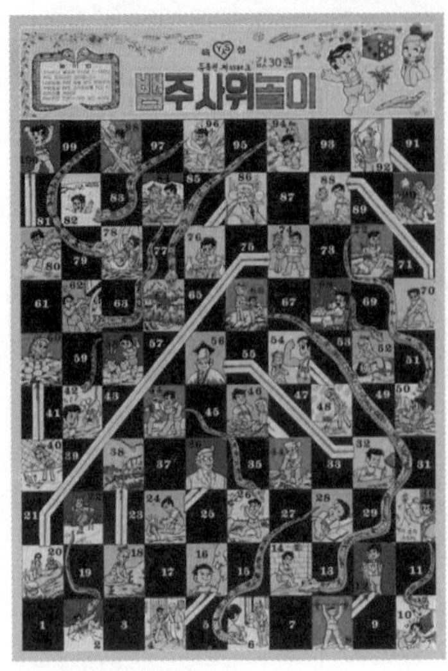

고속도로가 놓인 뱀 주사위 놀이

타고 위로 올라가는 규칙이 특징이다. 이 놀이판은 인도에서 시작되었으며, 1888년에 영국에서 출판되면서 서구에 소개되었다. 한국에는 일제강점기에 들어온 것으로 추정되는데, 일본에서는 보통 '뱀과 사다리[蛇と梯子]'라고 불렀다.

해방 이후, 한국은 비록 가난에 쪼들리는 형편이었지만 어린이를 위한 다양한 형태의 보드게임이나 카드 게임이 출시되었다. 그중 뱀 주사위 놀이는 1장의 종이로 된 놀이판과 주사위 1개만 있으면 여러 명이 놀 수 있었으므로 매우 경제적이었다. 또 규칙이 단순하면서 놀이 시간도 짧은 편이라 인기를 끌었다.

6·25 전쟁 이후 한반도는 냉전 이데올로기가 만연했고, 이는 정권을 유지하는 수단이 되기도 했다. 뱀 주사위 놀이도 이에 영합하여 반공사상과 산업화 정신을 고취하는 도구가 되었다. 뱀 주사위 놀이의 함정(뱀) 칸에는 원래 질병이나 사고 등 일상적인 재난이 들어가 있었으나, 한국에서는 공산주의나 북한, 간첩과 관련된 내용이 들어가게 되었다. 지름길(사다리) 역시 간첩을 잡으면 큰 혜택을 받는 것으로 되어 있었다.

산업화 이데올로기 역시 놀이판에 큰 영향을 미쳤다. 한국은 60년대 말부터 경제개발계획의 일환으로 경인고속국도(1969년 개통), 경부고속국도(1970년 개통) 등 전국에 고속도로를 건설하였다. 고속도로가 산업사회로 나아가는 지름길임을 국가적으로 강조하였다. 이 시기 한국의 뱀 주사위 놀이판에서는 사다리로 묘사되어 온 지름길이 고속도로 형태로 바뀌게 되었고, 지금까지 이어지고 있다.

주사위 놀이의 현재와 미래

21세기가 되어서도 주사위는 다양한 보드 게임과 카드 게임에서 중요한 역할을 하고 있다. 또 주사위 놀이에서 운송수단은 여전히 중요한 요소로, 주사위 놀이 「부루마불」에서는 (지금은 운행하지 않는) 콩코드 여객선과 우주왕복선까지 타볼 수 있다. 그 플랫폼도 다양화되어, 2021년 일본에서는 휴대용 게임기 소프트웨어로 나온 철도 주사위 게임 「모모타로 전철」이 300만 장 이상 판매되

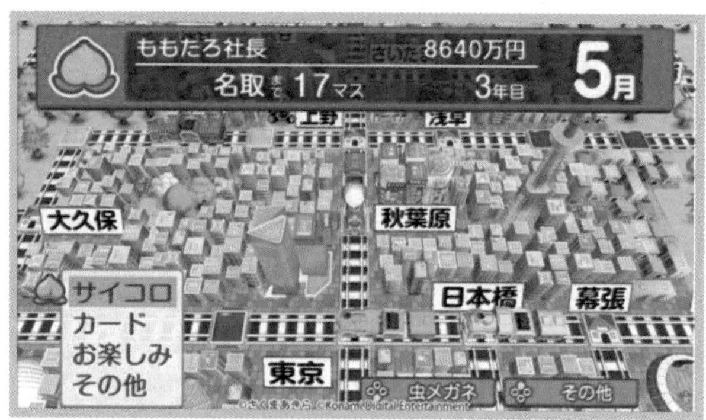

게임 「모모타로 전철(桃太郎電鉄)」

는 인기를 누리기도 했다.

주사위 놀이는 유희 이외에도 교육을 위한 도구로 활용되었고, 시대의 변화를 민감하게 반영해왔다. 근대 운송수단의 도입이 즉시 놀이판에 반영되었던 것은 그 좋은 예시이다. 때로는 주사위 놀이가 나쁜 사상을 주입하는 도구로 활용되기도 했으나, 이것은 놀이 그 자체가 문제라기보다는 그것을 만들고 이용하는 사람이 문제였다고 할 수 있다.

주사위 놀이는 '놀면서 배운다'라는 개념을 가장 단순한 방식으로 구현한 것이다. 지금도 우리 주변의 기관이나 단체, 기업에서 교육적인 목적의 주사위 놀이를 제작 중이다. 미래의 주사위 놀이는 어떤 것이 있을지, 혹은 나는 어떤 주사위 놀이를 만들고 싶은지 생각해 보자. **(정영현)**

폐선들, 다시 대양으로 나아가다

1945년 8월 15일 해방 당시 한국 해역에는 1,625톤급 부산환(釜山丸)을 제외하면 총톤수 500톤 이상의 선박은 전무한 상황이었다. 더욱이 배를 새로 건조할 기술도, 수입할 자본도 없었다. 한국 정부가 당장 할 수 있는 일은 일본으로부터 선박 반환이었다. '미군정청 법령 제33호'가 공포되면서 일본으로부터 선박 반환이 이루어지기 시작했다.

뒤이어 미국의 어업조사선, 제2차 세계대전에서 생환한 폐선, 스웨덴의 전시표준선, 미국의 상선사관학교 실습선 등 낡고 버려진 폐선들이 대양을 건너 한반도에 다다랐다. 이 폐선들에 낀 녹을 닦고 깨끗이 페인트칠을 하고 새 이름을 붙였다. 그리고 이 배들은 다시 대양으로 나아가 제2의 여정을 시작했다.

미국의 시험선, 한국 원양어업의 선구자가 되다

1949년 3월 한국 정부는 미국 ECA 원조자금 32만 6천 달러에 지남호(指南號)를 구입하였다. 지남호는 원래 미국 시애틀 수산시험장 소속 종합시험선으로 원명은 워싱턴호(SS Washington)였다. 1946년 6월에 미국 오리건주 아스토리아(Astoria)항에서 신조한 총톤수 230톤급 강선으로 600마력 디젤엔진을 장착하였으며 트롤어업, 연승어업, 선망어업 등이 가능하도록 설계되었다. 특히 당시로는 드물게 냉동 · 냉장설비, 무선방향탐지기, 측심기, 어군탐지기 등의 전자장비를 갖추고 있었다. 이승만 대통령은 '남쪽으로 뱃머리를 돌려 부를 건져 오라'는 의미로 지남호(指南號)라고 명명하였다.

이 배를 인수하기 위해 교통부 해사국에서 구성한 인수단이 부산에서 출발하여 일본 요코하마로 향했다. 당시 한국과 미국 간의 항공편이 원활하지 못한 관계로 해사국 인수단은 요코하마에서 미국 화물선의 편승을 기다리고 있었다. 그런데 일행 중 일부가 요코하마에서 도박을 하여 인수여비를 탕진하였고, 인수단 내부에서 싸움이 벌어졌다. 이는 이승만 대통령에게 보고되었고 결국 해사국 인수단은 강제 귀국하게 된다. 이 대통령은 신성모

指南號引受

"지남호 인수", 『조선일보』 1949년 11월 5일 기사[좌로부터 주영한(朱榮翰) 주상항영사(駐桑港領事), 손원일(孫元一) 해군총참모장, 선장 해리 L. 핸슨].

(申性模) 국방부 장관에게 인수 임무를 명했다. 마침 미국에서 함정 인수 계획이 있어 해군에서 인수단을 결성하여 대기하고 있던 해군 장교들이 지남호의 인수를 맡게 되었다. 지남호 해군인수단 단장은 최용남 중령이었고, 선장은 최효용 소령(진해 항해과 19기), 기관장은 한갑수 소령(진해 기관과 21기)이 선발되었다.*

지남호는 국내에서 처음으로 태평양을 횡단하였다. 1949년 10월 18일 시애틀을 출항한 지남호는 태극기를 게양하고 10월 28일 하와이 호놀룰루에 입항하였다. 호놀룰루에서 하와이 교민의 열렬한 환대를 받으며 10월 30일 다시 출항하였다. 11월 14일 괌을 경유하여 11월 28일 부산항에 입항하였다. 해군인수단은 지남호를 상공부 수산국에 인계하고 11월 30일 전원 해군으로 원대 복귀했다.**

이 배가 도입된 당시에는 이러한 대형어선을 운항할 기술과 경험을 가진 사람이 국내에 없었다. 따라서 외국 원조물자를 담당하던 외자청 소속의 해상순시선 겸 제주도 출장용으로 활용되었다.

---

* 김재승, 「한국해운 여명기(1946-1953) 해운과 해군의 협력」, 『해양정책 심포지엄』, 대한민국해양연맹, 2004, 117쪽.

** "태극기를 휘날리며 지남호 무사히 부산에", 『조선일보』, 1949.11.30.; "지남호승조원 이대통령접견", 『동아일보』 1949.12.04. 이 기사에 따르면 지남호는 미국 시애틀에서 1949년 10월 18일 출발하여 10월 28일 하와이 호놀룰루를 경유하여, 11월 28일에 부산항에 입항한 것으로 되어 있다. 그러나 김재승(2001:270-271)에서는 1949년 11월 18일 출발하여 11월 27일 하와이 호놀룰루 입항, 12월 22일 부산항에 입항한 것으로 되어 있다. 이 책에서는 신문 자료에 근거하여 출항과 입항 일자를 기술했다.

미국 종합시험선이었던 워싱턴호(SS Washington)(출처: 부산일보)

230톤급 어업지도선 '지남호(指南號)'(출처: 부산일보)

한국전쟁 이후에는 부산-제주-여수 간에 의약품 수송업무를 담당하는 등 어선으로는 사용되지 못했다.

(주)제동산업이 1951년 9월, 23만 9천 달러에 이 배를 정부로부터 불하받아 인수하였다. 처음에는 연근해 어업에 투입하였으나 어구의 미비 등으로 실패하였고, 대일 활어 운반선으로의 활용도 검토하였으나 수산물 수출금지조치로 인하여 이 또한 여의치 않

았다. 그러다가 1957년 8월 주한경제조사관실(O.E.C, Office of the Economic Coordinator for Korea) 수산부와 해무청 및 중앙수산시험장이 공동시범사업으로 원양어장 개척을 추진하였다. 이에 따라 지남호는 인도양 안다만 니코바르(Andaman Nicobar)로 시험조업에 나섰으며 국내 최초로 다랑어 연승(延繩) 어획에 성공하였다.

이후 1958년 1월부터 (주)제동산업이 미국의 참치 통조림 제조회사인 밴캠프사(Van Camp Sea Food Co.)에 다랑어를 수출한 것을 시작으로 본격적인 상업조업이 시작되었다. 이 작은 배 한 척이 한국 원양 산업의 첫걸음을 내딛게 한 것이다.

오늘날 우리가 참치캔을 마음껏 먹을 수 있게 된 것도 이 지남호의 원양어업 개척에 힘입은 것이다.

전쟁에서 생환한 폐선, 항해 실습선이 되다

김천호(金泉號)는 구 조선우선 소속 선박으로 1937년 2월 일본 하리마(播摩)조선소에서 진수되었다. 이 배는 총톤수 3,082톤, 재화톤수 4,880톤, 전장 96미터, 출력 2,037마력, 최대속력 13.66노트에 삼연식(三連式) 왕복기관 1기를 장착한, 당시로서는 비교적 성능이 우수한 선박이었다. 함경북도 웅기와 동경항로에 정기선으로 취항하다가 1942년 3월 25일 일본해군에 징발되어 1943년까지 일본에서 필리핀 및 남방지역으로 군수물자를 수송하였다.* 김

* 김재승, 「1945~1952년까지 우리나라 외항선의 현황」, 『해운물류연구』,

천호는 1943년 군수물자 수송을 위해 남방 비스마르크(Bismark)제도 뉴브리튼섬(New Britain) 라바울(Rabaul)항으로 항해하던 도중, 미군 어뢰에 격파되었다. 일본 요코스카항에서 수리한 김천호는 다시 남방으로 배선되지 않고 일본에서 종전을 맞이했다.

광복 후 주일 연합국군 총사령부(SCAP)의 지령에 따라 김천호는 1945년 10월 말경 석탄을 싣고 부산항에 입항했다. 부산항에서 석탄하역을 끝내고 출항 정지 상태로 장기 정박해 있던 김천호를 한국인 선원들이 국내 인도를 요구했다. 이에 미국 고문관 켈프(Kelp) 대위가 1945년 11월 28일 일본인 선원을 강제로 하선시키고 이 배를 인수하였다. 당시 인수 선장은 안충순(安忠淳), 기관장은 지석남(池石南)*이었다.

김천호는 1946년 초부터 본격적으로 삼척 석탄 수송에 투입되었다. 1948년 7월 해방 후 대일항로에 취항하였으며, 1949년 2월에는 부산과 홍콩 항로에 외항선으로 배선되었다. 한국전쟁이 발

한국해운물류학회, 2004, 165쪽.

* 지석남(池石南, 1916~?): 1916년 경기도 연천 출생. 1937년 진해고등해원양성소 기관과 본과 제15기 졸업생. 김천호(金泉號)를 미군 협조하에 조선우선에서 인수하였다. 이때 지석남은 기관장으로, 선장 안충순(安忠純)과 함께 배를 돌려받았다. 이를 계기로 지석남은 일본에 징발되었던 선박을 파악하여 1946년 3월 미 군정청과 연합군최고사령부에 반환해 줄 것을 청원하였다. 5개월 뒤 함경호(咸經號), 앵도호(櫻島號), 천광호(天光號), 일진호(日進號) 등 5척의 인수 통보를 받았다. 1946년 10월 지석남은 기관장으로 진성문(陣聖文) 선장과 함께 일본 하카다(博多)항에서 천광호를 인수하였다(해양역사 인물사전, https://www.ilovesea.or.kr/peopledic).

반도호와 한국해양대학 실습선원들(출처: 전희태 선장 제공)

발하고 1950년 7월 20일부터 23일까지 목포 경비부는 대한해운공사 소속 김천호와 울산호를 징발하여 정부미 8만 가마를 목포에서 부산으로 운송하였다. 이는 주요 정부 물자와 군수품을 안전한 곳으로 후송하기 위한 조치였다.

한국해운공사의 초창기 대표적인 외항선박이었던 김천호(金泉號)는 1960년 12월 14일 한국해양대학 실습선 '반도호(半島號)'로 명명되었다.

하와이 해양 실습

해양대 총장 윤상송*은 국내에서 처음으로 한국 실습선의 하와이 실습계획을 추진하였다. 1960년 8월 한국해양대학 총장에 취임한 그는 당시 한국 해운업계와 한국해양대학생들의 최대 현안이었던 해군예비원령(海軍豫備員令)을 제정하였다. 또한 실습선 반도호(半島號)의 원양 연습항해를 계획하였으며 미국 하와이를 첫 원양 연습항로의 목적지로 정하였다. 그러나 반도호는 미국의 원조를 받아 수리하였기 때문에 하와이 출항에도 미국의 대한국 원조기관인 유솜(USOM, United States Operations Mission to Republic of Korea)의 승인이 필요했다. 그런데 당시 컬렌 유솜 처장은 배가 너무 노후하여 사고의 위험성이 있고, 선원의 기술에도 문제가 있다는 이유로 반도호의 하와이 취항을 반대하였다. 윤상송 총장이 국가재건최고회의 등을 찾아가 협조를 요청하여 겨우 유솜의 동의를 얻었다.

1961년 12월 30일 반도호는 가까스로 하와이를 향하여 출항하였다. 반도호에는 해양대 14기 졸업생 70명과 운영위원 5명으로 구성된 제1기 해양실습단이 승선하였다. 그리고 최고 지휘자인 연습감으로 해운국장, 해양대학장, 해무청장 등을 역임하고 당시 대

---

* 윤상송(尹常松, 1916~1994): 1916년 함경북도 회령 출생. 1940년 12월 동경고등상선학교(東京高等商船學校) 기관과 졸업. 광복 후 조선우선 선박부장과 부산지점장 등을 역임하였다. 1950년 1월 설립된 대한해운공사(大韓海運公社) 이사로 선임되었다(해양역사 인물사전, https://www.ilovesea.or.kr/peopledic).

한조선공사 고문이었던 황부길(黃富吉)*, 조선공사의 기술진이 승선하였다. 노후한 반도호의 선박 상태를 고려하여 만약의 사태를 대비해 국내 최고급 선원을 승선시킨 것이었다.

반도호를 타고 바다를 건넌 성춘향

1961년 당시 영화 〈성춘향〉이 국내에서 흥행하고 있었다. 외무부의 협조를 얻어 이 영화의 필름을 파우처(poucher)로 발송하여 하와이에서 상영하였는데 하와이 교민들은 물론 외국인들에게도 큰 인기를 끌었다.**

---

* 황부길(黃富吉): 1905년 함경북도 경성 출생. 동경고등상선학교(東京高等商船學校) 졸업, 오사카상선회사 등에서 15년간 해상 근무. 1946년 4월, 37세의 나이로 귀국. 같은 해 11월부터 조선우선주식회사 부산지점에서 근무하였다. 이때 조선우선은 미 군정청을 통하여 앵도호, 김천호, 함경호, 천광호 등을 돌려받아, 그가 진두지휘하여 수리, 운항하였다. 또 미국으로부터 10척의 발틱(Baltic)형 선박을 대여 받아 운항선대를 증강하였다. 황부길은 1948년 4월 광복 이후 최초의 해외무역선으로, 홍콩으로 가는 앵도호(櫻島號, 1,281톤)에 동승하여 원양항해를 지도하였다. 한국전쟁으로 각종 구호물자 등 긴급한 해상운송수요가 급증하였다. 이에 1951년 8월 미국선박에 대한 용선(傭船)이 이루어져 그는 일본 동경에 파견되어 FS형 8척과 LST형 9척을 인수하였다. 1961년 12월 31일 한국해양대학 연습선 반도호의 연습감(練習監)으로 승선하였다(해양역사 인물사전, https://www.ilovesea.or.kr/peopledic).

** "창립자 삼주 윤상송 자서전(6)", 『한국해양』, 2011.08.31.

신상옥 감독의 영화 〈성춘향〉(1961)
(출처: 다음 영화 https://movie.daum.net)

또 해양대학과 하와이대학생 친선 축구대회를 열었으며 발전된 조국의 모습을 담은 사진을 가지고 가서 사진전도 개최하였다. 이처럼 반도호의 하와이 취항을 통해 항해 기술을 습득하였을 뿐만 아니라 한국의 문화를 하와이에 전파하였다. 반도호는 출항 3개월 만인 1962년 2월 22일 무사히 귀항하였다.

이후 반도호는 1973년 여름 태풍 빌리의 강타로 재운항 불가 진단을 받았다.* 신조 실습선 한바다호가 취항하자 1978년 9월 실습선을 퇴역 후 영도 아치섬에 계선되었다. 반도호는 한국 해운 개척사와 함께해왔으며, 삼연식(三連式) 왕복기관으로서 보존 가치가 있었다. 그러므로 선체를 해양박물관으로 활용하기 위해 보수비 15억 원을 문교부에 요청하였다. 그러나 이는 승인되지 않았고 1979년 9월 28일 43년의 일생을 마감했다.**

* 『조선일보』 1978.09.13.
** 『한국일보』 1979.10.16.

해양대학과 하와이대학 대학생 친선 축구대회(출처: 대한뉴스 제350호)

1960년부터 1979년까지 해양대학교
초대 실습선 반도호 사진과 그림
(좌, 출처: 무역운송신문)
(우, 출처: 한국해양대학교 박물관)

한국 최초의 대형 디젤 선박 마산호

마산호(馬山號)는 한국에서 처음으로 도입한 미국 전시표준선의 하나인 시마비(CIMAVI) 형의 선박이었다. 광복 직후 한국이 소유한 선박들은 모두 석탄을 연료로 하는 소형의 증기기관선뿐이었다. 그 뒤 2,000톤급의 LST(Landing Ship Tank)와 2,000톤 이하의 소형 디젤 선박이 몇 척 도입되었지만, 6,000톤급(6,145dwt, 3,938gt) 대형 디젤 선박은 처음 도입되는 것이었다.

1952년 당시 미 샌프란시스코 총영사 주영한의 알선으로 경무대(景武臺, 지금의 청와대)에서 마산호를 구입하였다. 영부인 프란체스카(Francesca Donner Rhee) 여사는 손원일(孫元一) 해군참모총장을 통해 해운공사에 이 선박을 인수하도록 제의하여 해운공사 이순용 사장이 인수하게 되었다.

해운공사 이순용 사장은 마산호 인수 항해에 외국인 기장과 고급선원을 승선시키기를 주장하였다. 그러나 해운공사 윤상송 상무이사는 우리 선원의 기술을 신뢰하고, 우리 배에는 우리 선원들이 승선하여 운항해야 한다고 주장하였다. 윤상송 상무이사는 인

馬山號入港投錨
歡迎式도盛大擧行

釜山·晋州間
列車增設運動

『마산일보』, 1952.08.23.

마산호와 같은 전시표준선(출처: 『한국해양』)

수책임자를 자청하여 결국 우리 선원의 승선을 승인받았다. 이에 그는 선박을 인수하여 부산까지 회항하는 동안 우리 해기사들에게 기술을 습득시키기로 하였다. 그리고 그는 이관용(李寬容, 해양대학 기관과 1기), 최만정 등 기관사와 전기사 정문환(鄭文煥), 통역 겸 경리로 김행오(金行五) 등을 인솔하고 배가 있는 스웨덴으로 출발하였다.*

스웨덴의 트렐레보리로 출항

여권의 발급이 상당히 어려운 시절이었지만, 인수단은 3일 만에 여권을 발급받았다. 그러나 영어로 된 해기면허가 없었기 때문에, 윤상송 상무이사가 영어로 면허를 작성하여 해운공사에서 인쇄하였다. 이것이 오늘날 영문 면허장의 효시가 되었다.

인수단은 일본 동경에서 스웨덴, 노르웨이 및 덴마크 등 3국의

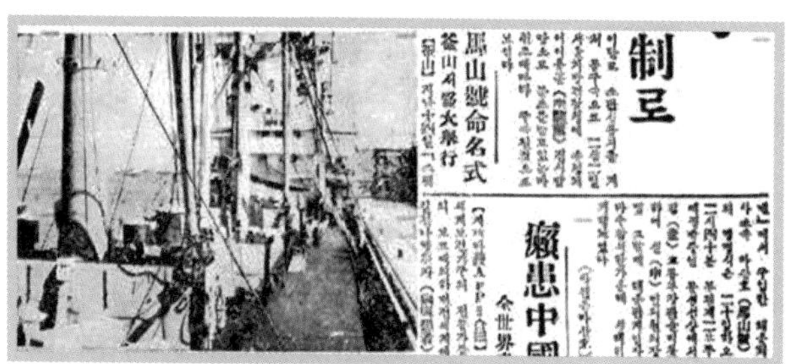
制로

馬山號命名式

釜山서 盛大擧行

"마산호 명명식", 『조선일보』, 1952.08.24.

* "창립자 삼주 윤상송 자서전(6)", 『한국해양』, 2011.08.31.

합동항공사인 SAS(Scandinavian Airlines System)의 항공기로 갈아타고, 스위스의 제네바에 도착하였다. 그 뒤 제네바에서 다시 비행기를 타고 코펜하겐에서 선주 측의 안내를 받아 승무원도 없는 경비행기로 갈아타고 약 30분간 비행했다. 스웨덴 트렐레보리에서 내려 다시 자동차로 40분쯤 달려 어느 아담한 항구에 도착하였다.

윤상송 상무이사는 스웨덴 출입국관리청과 프랑스 주재 공사의 주선으로 스톡홀름에 가서 선주 대표를 만나 선박의 상태와 재고품을 확인하였다. 그리고 모든 인수 절차를 마치고 귀항하였다.

디젤 선박으로 항해 실습

윤상송 상무이사는 귀항하면서 선원들에게 배 안에 비치되어 있던 영어로 된 기관 취급방법 설명서를 읽히면서 디젤엔진의 기술을 습득시켰다. 그러나 스웨덴인 선장은 사고를 우려하여 항해 실습을 거부하였다. 윤상송 상무이사가 사고에 관한 모든 책임을 지기로 약속하고, 스웨덴인 선장을 겨우 설득하여 항해 실습을 할 수 있었다.

마산호는 출국 3개월 만인 1952년 8월 21일 부산항에 입항하였다. 이 배는 해운공사에서 광복 이후 처음으로 도입한 5,000톤급의 우수선박이어서, 해군 군악대까지 동원된 성대한 환영식이 열렸다. 이승만 대통령 내외, 장택상 총리까지 참석하여, 선박 내부를 둘러보았다.

이 선박의 원명은 카리나호였는데 도입 후 마산호로 개명하였다.* 뒤이어 같은 급의 부산호가 도입되면서 두 선박은 대미 정기 항로를 처음 개척한 선박이 되었다.

화이트헤드호, 대한해협을 지켜내다-해군 창설과 전투함의 도입

손원일 제독은 1945년 8월에 해군 건설의 초석인 해사대를 결성하였고, 미군정청과 협의 끝에 1945년 11월 11일에 한국해군의 모체인 해방병단을 창설하였다. 그리고 마침내 조선 수군이 폐지된 지 51년 만에 해군을 창설하였다.

창설 초기 해군은 제대로 된 전투함을 한 척도 보유하지 못했다. 이에 손원일 제독은 미국과 협상하여 1948년까지 총 37척의 함정을 인수하였다. 그러나 일본군이 남기고 간 소해정(掃海艇, 기뢰를 제거하여 해상 안전을 도모하는 소형 군함), 민간용 소형 화물선들뿐이었다. 이마저도 노후화되고 소형이어서 제한된 해상경비 임무만 가능했다.

손원일 제독은 함포가 있는 전투함을 구입하기 위해서 1949년 6월 1일 '함정건조기금 갹출위원회'를 결성하여 모금 운동에 나섰다. 해군 장병들은 봉급 일부를 성금으로 냈다. 당시 장교 월급이 쌀 한 말값보다 적었지만, 월급의 10%를 전투함 구매를 위해 공제

* 『경향신문』 기사(1952.08.16)에는 원명이 '카리나'호라고 되어 있으나 윤상송 자서전에는 '로사 소오멘'으로 되어 있다.

「해군장병들이 군함건조기금갹출」, 『조선일보』, 1949.06.24.

「해군장교부인회에서 42만 원을 건함기금에」, 『조선일보』, 1949.10.06.

했다. 해군 장병들은 성금을 더 모으기 위해 고철을 수집하여 팔았고 장병 가족들은 바느질과 빨래를 해주고 번 돈을 보탰다. 이렇게 1만 5천 달러를 모금하였고 여기에 이승만 대통령이 4만 5천 달러를 지원했다. 해군장병 및 해군부인회를 비롯한 일반 국민들의 성금과 대통령 하사금을 합쳐 총 6만 달러를 모금하였다. 이 돈으로 손원일 총장은 미국으로 건너가 전투함 구매를 추진했다.

미국에서 백두산함과의 조우

손원일 제독은 미 해군이 자국 해양대에 기증한 450톤급 초계정(PC, Patrol Craft)에 주목했다. 현역 군함과 달리 무장 해제된 초계정은 구입이 가능했기 때문이다. 미국 측도 한국이 이 배를 도입하는 것에 동의했다.

손원일 제독을 비롯하여 인수단장 박옥규 중령 등 인수 요원 15명은 1949년 10월 7일 여의도 비행장에서 미국 노스웨스트 항공

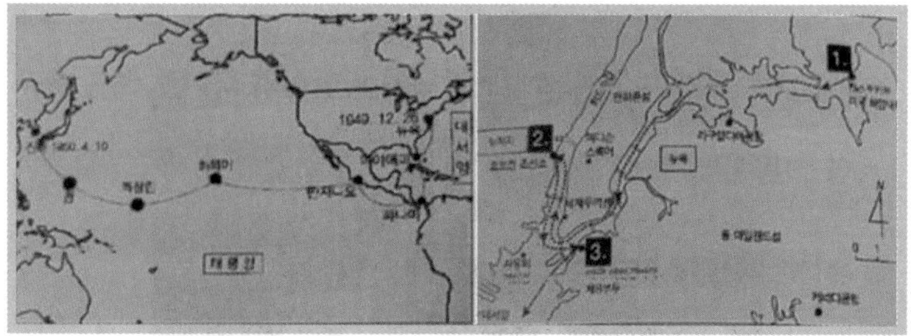

1949년 10월 17일 미국에서 구매한 백두산함은 12월 26일 뉴욕항에서 출항하여 마이애미-파나마 운하-멕시코 만자니요-하와이 콰잘린-괌을 거쳐 1950년 4월 10일 진해군항 제1부두에 입항했다.

기를 타고 뉴욕으로 갔다. 1949년 10월 17일 대당 1만 8천 달러를 주고 전투함 PC-701(백두산함), PC-702(금강산함), PC-703(삼각산함), PC-704(지리산함) 총 네 척을 구매했다. 구매할 배는 미국 버지니아주 킹스포인트(Kingspoint)에 있는 미국상선사관학교(United States Merchant Marine Academy)에서 뉴저지 호보켄(Hoboken)에 있는 하버보트 조선소(Harbor Boat Building Company)로 옮겨져 있었다. 함포, 레이더, 폭뢰발사대 등 무장들은 철거되어 없었고 배는 여기저기 녹슬어 있었다. 배를 인수하러 갔던 장교 15명은 경비 절감을 위해 약 두 달간 배에서 숙식하면서 배를 직접 수리하였다.

이름에 얽힌 비화

이 배는 길이 52.9m의 450톤급 USS PC-823함으로 제2차 세계

백두산함 명명식(좌측부터 손원일 제독과 이건주 소령, 박옥규 함장(출처: KBS 〈다큐 1〉)

대전에 참전한 후 미국상선사관학교에서 인수하여 엔슨 화이트 헤드(Ensign White Head)라는 이름으로 학생 실습에 사용하고 있었다. 선명은 제2차 세계대전 때 전사한 미국상선사관학교 출신의 화이트 헤드 해군 소위를 기리기 위해서 붙여진 것이다. 손원일 제독은 12월 26일 이 배의 이름을 백두산함으로 명명하고 박옥규 중령을 함장으로 임명했다. 우연하게도 영문 이름 'White Head'와 한국해군이 지은 이름 '백두'가 같은 뜻이었다.

1949년 12월 26일 오전 10시 한국 해군 최초의 전투함정인 초계함 백두산함의 명명식이 열렸다. 한국 정부를 대표한 장면 주미대사와 손원일 제독을 비롯하여 30여 명이 참석하였다. 명명식이 끝나자 백두산함은 뉴욕 항구에서 출항하여 1950년 1월 24일 하와이에 도착했다.*

하와이에 도착해서 3인치 포를 설치하려고 했으나 미국과의 협

* 「백두산함의 생애」, 『월간조선』, 2003년 8월호.

백두산함에 3인치 함포를 올리는 모습
(출처: Naval History and Heritage Command)

상이 쉽지 않았다. 손원일 제독은 미국에 계속 남아 미 국무부와 국방성을 설득하여 3월 중순에서야 3인치 포를 앞 갑판에 설치했다. 오하우섬 앞바다에서 몇 발을 쏘아 보고 포의 성능을 시험하였다. 하와이에서 포를 설치하고 3월 20일 출항한 백두산함은 괌에 도착하여 3인치 포탄 100발과 기름을 구입해서 실었다. 그리고 1950년 4월 10일 진해에 도착했다.

시험 포격
(출처: NavSource Naval History Photographic History Of The U.S. Navy)

백두산함은 약 한 달간 전국의 항구를 항해하며 위풍당당한 해군의 모습을 국민들에게 선보였다. 그리고 1950년 6월 24일 오후 11시 진해항에 복귀하였다. 긴 항해 끝에 돌아와 영외에 가족이 있던 해군은 집으로 향하고 말단 해병들과 당직 사관들이 배를 지키며 평화롭게 하루를 마무리했다.

1950년 6월 25일 10시 통제부 사령관 김성삼 대령의 긴급 소집 명령이 떨어졌다.

대한해협 해전–백두산함 포문을 열다

1950년 6월 25일 새벽 4시 북한군은 기습적으로 남침을 시도하였다. 남해안에 있던 PC-701 백두산함도 미확인 선박이 남하하고 있다는 해군사령부의 통보에 승조원들을 긴급 소집하고, 남해안에 있던 PC-701 백두산함도 전투 태세에 돌입하였다.

백두산함은 남해안에서 동해안 북쪽으로 올라가면서 순찰하던 중 오후 8시경 국적 불명의 미확인 선박 한 척을 발견하였다. 선박에는 검은 천으로 뒤덮인 대포와 신원 미상의 병력들, 그리고 중기관총 몇 정이 탑재되어 있었다.

밤 11시 40분 백두산함에서 함상 회의가 소집됐다. 최용남 함장은 전원 전투 배치를 명했다. 그리고 결의를 다지면서 냉수로 건배하고 말없이 들이켰다. 갑판사관 최영섭 소위는 수병 25명을 집합시키고 짧은 지시를 하달했다. 그리고 죽더라도 깨끗한 몸으로 죽어야 한다고 하며 전원 신속히 새 내복과 작업복으로 갈아입게 하

미해군에서 운용하던 USS PC-823함
(출처: NavSource Naval History Photographic History Of The U.S. Navy)

백두산함의 모습
(출처: NavSource Naval History Photographic History Of The U.S. Navy)

였다.

자정을 조금 넘긴 시각. 해군본부에서 괴선박을 나포하라는 지시가 내려오자 백두산함은 경고사격으로 미확인 선박을 세우려고 하였다. 그러자 미확인 선박은 경고사격에 대응하여 백두산함을 향해 함포를 발사하였다. 이에 백두산함도 함포와 중기관총으로 반격을 시작하였다. 900m 지점까지 다다랐을 때쯤 백두산함의 함포가 적 수송선의 마스트*를 격파했다.

치열한 포격전은 6월 26일 새벽 1시 반 무렵 적 수송선이 침몰하면서 종료되었다. 대한해협 해전에서 우리군은 2명 전사, 2명 부상이라는 경미한 피해를 입었으나 괴선박의 승조원을 전멸시켰다.

백두산함은 휴전 후에도 대한민국 해군에서 계속 운용하다가 1959년 7월 1일 퇴역하였고, 1960년 8월 21일 함체는 폐선 처리되어 해체되었다. 현재 백두산함 마스트는 대한민국의 등록문화재 제463호로 지정되어 있으며 해군사관학교에 보관되어 있다.

해방 이후 1950년대 초반까지 미 전시표준선을 비롯한 각종 폐선의 도입으로 한국의 원양어업은 첫 물꼬를 텄으며 해양대학의 실습생들은 대양을 향해 나아갈 수 있었다. 이뿐만 아니라 도입한 폐선으로 대미 무역의 시작을 열었으며 일제강점기와 한국전쟁으로 피폐해진 한반도의 재건을 위한 원조물자를 수송할 수 있었다. 그리고 전투함의 도입으로 대한해협에서 승전하여 한국전쟁의 승

---

* 과거 범선 시절 돛대를 매다는 기둥. 현대에는 '레이더 장치를 장착한 기둥'으로 의미가 바뀌었다.

기를 잡을 수 있었다.

그러나 선원들에게 대양을 가르는 선박 인수 항해가 곧 실습 항해였다. 드넓은 대양을 건너본 경험도 없었을뿐더러 2~300톤급의 소형 선박을 운항한 경험밖에 없는 선원들에게 2천 톤급 이상의 선박 운항은 반드시 성공해야만 하는 큰 도전이었다. 작동방법도 잘 모르는 계기들을 붙들고 선원들은 열심히 연구하고 도전하는 자세로 모든 것을 극복해냈다. 낡고 버려진 폐선들이 우리 선원들에게는 항해를 가르쳐준 스승이자, 항해 동료이자, 한반도를 함께 지켜낸 전우였다. **(주현희)**

참고문헌

은단, 그 신비로운 만병통치약

권보드래, 「仁丹-동아시아의 상징 제국」, 『사회와역사』 한국사회사학회, 2009.

김수진, 「『조선시보(朝鮮時報)』 광고의 문자와 삽화에 대한 고찰」, 『일어일문학』, 2023.

이낙운, 「[뛰어난 廣告] 「은」을 컨셉트로 강한 소구력을 지닌 은단의 리플렛쉬광고」, 『마케팅』, 1983.

井出文紀, 「「仁丹」の町名表示板に魅せられて」, 『大阪春秋: 大阪の歴史と文化と産業を発信する』, 43(2), 2015.

井出文紀, 「森下仁丹の町名表示板広告と「広告益世」」, 『商経学叢』, 64(2), 2017.

本山桜, 「第 26 回 仁丹」, 『ファルマシア』, 52(9), 2016.

『서울신문』, 2020.6.15.

『약업신문』, 1954.10.28.

『약업신문』, 2017.7.17.

https://www.youtube.com/watch?v=ptnstpdzlyM

https://m.blog.naver.com/s5we/223039793422

https://blog.naver.com/oryama/222985517455

https://www.meijimura.com/meiji-note/post/jintan/

https://www.jintan.co.jp/special/history/

바다에 범이 내려 온다, 타이거밤

강영문, 『동남아 화교비즈니스』, 2014, 전남대학교출판부.

Brenda S.A. Yeoh and Peggy Teo, "From Tiger Balm Gardens to Dragon World: Philanthropy and Profit and the Making of Singapore's First Cultural

Theme Park," *Geografiska Annaler* 78B, 1996.

Bryan Teo Yisen etc., "Tiger Balm: Becoming King Again," *Academy of Asian Business Review* 6(1), 2020.

Jianli Huang and Lysa Hong, "Chinese Diasporic Culture and National Identity: The Taming of the Tiger Balm Garden in Singapore," *Modern Asian Studies* 41(1), 2007.

Victor Zheng and Hao Gao, "An Entrepreneurial Migrant Family: The Rise of Aw Boon Haw's Business Empire in the Asia-Pacific," *Asian and Pacific Migrant Journal* 29(2), 2020.

Wong Kit and Leung Eddy, "A Reflection on Current Conservation Policy through the Adaptive Re-use of Haw Par Mansion and Conservation of Three Tiger Balm Garden Sculptures," *Studies in Conservation* 65, 2020.

〈호파그룹〉, https://www.hawpar.com/

만두의 계보-饅頭에서 MANDU까지

고승 찬, 김만원 역, 『事物紀原 譯註』, 역락, 2015.

공만식, 「고려시대 만두 문화의 두 흐름-불교사찰의 채식만두&왕실, 민간의 육식만두」, 『불교문예연구』 20집, 2022.

김설아, "미국서 25년 1등 만두 '링링' 제친 대한민국 만두", 〈Money S〉, 2019.09.10.

김광언, 「만두 고」, 『고문화』 38, 1992.

나관중 저, 황석영 역, 『삼국지』 8권, 창작과비평사, 2003.

박정배, 『만두』, 따비, 2021.

주영하, 『식탁 위의 한국사』, 휴머니스트, 2013.

정혜경, 「만두 문화의 역사적 고찰」, 『동아시아식생활학회 학술대회논문집』, 2008.

『고려사』 「효우열전」(국사편찬위원회 한국사데이터베이스)

『조선왕조실록』「세종실록」 16권(국사편찬위원회 한국사데이터베이스)
https://baijiahao.baidu.com/s?id=1697612602073007055&wfr=spider&for=pc

나폴레옹의 통조림, 바다를 횡단하다

河合和男 · 尹 明憲,『植民地期の朝鮮工業』, 未来社, 1991.
松井 魁,『書誌學的水産學並びに魚學史』, 鳥海書房, 1983.
허영오,『통조림가공수협 50년사』, 통조림가공수산업협동조합, 2012.
『동아일보』
『조선일보』
朝鮮総督府殖産局 編,『朝鮮工場名簿』, 朝鮮工業協会, 1934.
朝鮮總督府統計年譜(1909~1942)

와인, 대륙과 해양을 가로지른 만남

김동건,「이기지의 〈일암연기〉 연구」, 한국학중앙연구원 석사학위 논문, 2007.
신익철,「이기지의 일암연기와 서학 접촉 양상」,『동방한문학』 제29집, 2005.
신익철 엮음,『연행사와 북경 천주당』, 보고사, 2013.
오세미나,「일제시기 빵의 전래와 수용에 대한 연구-군산의 근대 제과점 이즈모야[出雲屋]를 중심으로」,『지방사와 지방문화』 제15권 제1호, 2012.
이준갑,「이기지(1690~1722)의 〈일암연기〉에 묘사된 '작은 서양'」,『한국학연구』 제43집, 2016.
이기지, 조융희 · 신익철 · 부유섭 옮김,『일암연기』(원문편 및 역주편), 한국학중앙연구원출판부, 2016.
국립중앙도서관
국립국회도서관(일본)

명지대학교 LG연암문고
뉴욕공공도서관 New York Public Library
미국도서관협회 American Library Association
영국도서관 British Library
이상 기관의 디지털컬렉션, 데이터베이스

매혹적인 근대의 맛, 영화

김소영, 『근대의 원초경』, 현실문화, 2010.
김시무 · 황혜진 외, 『영화입문』, 리토피아, 2005.
김종원 · 정중헌, 『우리 영화 100년』, 현암사, 2001.
바네사 R. 슈와르츠, 노명우 · 박성우 역, 『구경꾼의 탄생』, 마티, 2006.
심훈, "조선영화총관", 『조선일보』, 1929.1.1.
안종화, 『한국영화측면비사』, 현대미학사, 1998.
정민아, 「식민지 조선의 도시적 삶과 〈청춘의 십자로〉(1934)」, 『현대영화연구』 7호, 2009.
정종화, 「〈청춘의 십자로〉와 경성, 그 무성영화의 아우성」, 『영상자료원 KMDb』, 2008.5.3.
『경향신문』, 1987.9.10.
『매일신보』, 1919.10.20.
『씨네21』, 2003.5.30.
『황성신문』, 1903.6.23.

박람회, 근대미술의 탄생

김진송, 『서울에 딴스홀을 허하라-현대성의 형성』, 현실문화연구, 1999.
국사편찬위원회편, 『근대와 만난 미술과 도시』, 동아출판, 2008.
논꼴동인, 『논꼴아트』, 1965.
김미경, 『한국의 실험미술』, 시공아트, 2003.
김미경, 『한국현대미술자료 약사』, ICAS, 2003.

고충환, 「강국진의 회화, 모더니즘의 형식과 전통 정신의 융합」, 『아트인컬처』, 2017.12.
김미경, 「강국진: 언더그라운드 예술의 힘」, 『강국진, 역사의 빛 회화의 장벽을 넘어서』, 경남도립미술관.
김복영, 「평면의 해체와 이야기 구조」, 『공간』, 1989.7.
오광수, 「강국진 3주기전」, 『월간미술』, 1995.11.

박람회 소감, 『황성신문』, 1907.9.11.
잡보, 『대한매일신보』 1910.2.23.
미술전람회, 『동아일보』, 1921.12.21.
언더그라운드 예술 (5) 해프닝, 『동아일보』, 1968.8.3.

부산의 흙, 벽돌에서 그릇까지

新釜山大觀, 川島喜彙, 부산출판협회, 1934.
장기인, 『벽돌』, 보성각, 1993.
조준현, 『건축재료학』, 기문당, 2003.
박성형, 『벽전』, 스페이스타임, 2010.
감씨 편집팀, 『감 매거진(GARM Magazine) 02-벽돌』, 감씨(garmSSI), 2017.
조홍석, 「한국 근대 적벽돌(赤甓乭) 건축에 관한 연구」, 목원대학교, 2006.
홍순연 · 김기수, 「慶尙南道 廳舍의 變遷過程과 材料 및 構法的 特性에 관한 研究」, 대한건축학회, 2007.
홍순연, 「부산지역 근대 항만도시형성에 따른 항만활동의 변화」, 인문사회과학연구, 2021.
「근대 적벽돌(赤甓乭) 생산사에 관한 연구」, 건축역사연구, 2010.
"벽돌, 한국 근대를 열다", 『서울신문』, 2010.4.27.
"빨간 벽돌 찍어내던 호프만식 공장, 수원 '영신연와' 철거 위기", 『한겨레』, 2022.3.15.
부산역사문화대전

https://academic-accelerator.com/encyclopedia/kr/hoffmann-kiln
https://krisdedecker.typepad.com/.a/6a00e0099229e888330120a5ef35fb970b-pi

주사위 놀이판 위의 근대 교통수단

김지환, 『모던 철도』, 책과함께, 2022.
昭和館(監修), 『双六でたどる戦中 · 戦後 昭和のすごろく』, メディアパル, 2016.
김경리, 「전쟁의 학습과 대중성 획득의 방법론-청일전쟁스고로쿠(絵双六)와 환등회(幻燈會)를 중심으로」, 『일본학보』 107, 2016.
손정아, 「에도 · 메이지 그림 스고로쿠(絵双六)에 나타난 문학적 요소-문화콘텐츠로서의 가능성에 대한 모색」, 『일본연구』 92, 2022.
유현주, 「조선시대 여행 판놀이를 통해 본 문학과 놀이-남승도(覽勝圖)와 상영도(觴詠圖)를 중심으로」, 『한국고전연구』 31, 2015.
『수서』
『동국이상국집』
『조선왕조실록』
「合邦地理教育 汽車汽船旅行雙六]」, 오타루 박물관 소장.
Encyclopædia Britannica(Online) https://www.britannica.com/

폐선들, 다시 대양으로 나아가다

강상혁, 『잃어버린 항적』, (재)한국해사문제연구소, 2001.
권주혁, 『바다여 그 말하라』, 중앙, 2003.
김재승, 『진해고등해원양성소교사』, 도서출판 혜안, 2001.
김재승, 「1945~1952년까지 우리나라 외항선의 현황」, 『해운물류연구』, 한국해운물류학회, 2004.
김재승, 「한국해운 여명기(1946-1953) 해운과 해군의 협력」, 『해양정책

심포지엄』, 대한민국해양연맹, 2004.
석두옥,『海星』, 성암, 1994.
윤기선,『한국해운이십오년사』, (사)한국해사보좌인협회, 1973.
최순조,『백두산함』, 리오북스, 2017.
최영섭,『바다를 품은 백두산』, 프리덤&위즈덤, 2021.
『경향신문』
『동아일보』
『무역운송신문』
『부산일보』
『월간조선』
『조선일보』
『한국일보』
『현대해양』
『해양역사 인물사전』(https://www.ilovesea.or.kr/peopledic)
Naval History and Heritage Command(https://www.history.navy.mil)
NavSource Naval History Photographic History Of The U.S. Navy (http://www.navsource.org).
KBS 다큐 1(https://program.kbs.co.kr).

찾아보기

ㅇ